TRABALHO VIVO II

Trabalho e emancipação

Blucher

INSTITUTO TRABALHAR

TRABALHO VIVO II

Trabalho e emancipação

Christophe Dejours

Tradução

Franck Soudant

Revisão técnica da tradução

Laerte Idal Sznelwar

Trabalho Vivo II: Trabalho e emancipação

Título original: *Travail vivant 2 : Travail et émancipation*

Publisher Edgard Blücher
Editor Eduardo Blücher
Coordenação editorial Jonatas Eliakim
Produção editorial Kedma Marques
Tradução Franck Soudant
Diagramação e capa Laércio Flenic
Revisão de texto Saulo Krieger
Revisão técnica da tradução Laerte Idal Sznelwar
Imagem da capa Istockphoto

Blucher

Rua Pedroso Alvarenga, 1245, 4º andar
04531-934 – São Paulo – SP – Brasil
Tel.: 55 11 3078-5366
contato@blucher.com.br
www.blucher.com.br

Segundo o Novo Acordo Ortográfico, conforme 5. ed. do *Vocabulário Ortográfico da Língua Portuguesa*, Academia Brasileira de Letras, março de 2009.

Dados Internacionais de Catalogação
na Publicação (CIP)
Angélica Ilacqua CRB-8/7057

Dejours, Christophe

Trabalho Vivo II: Trabalho e emancipação/ Christophe Dejours; tradução de Franck Soudant. – São Paulo : Blucher, 2022.

248p.

Bibliografia
ISBN 978-65-5506-530-5 (impresso)
ISBN 978-65-5506-531-2 (eletrônico)

Título original: *Travail vivant 2 : Travail et émancipation*

1. Psicologia 2. Trabalho – Aspectos psicológicos I. Título II. Soudant, Franck

22-3032 CDD 150

Índices para catálogo sistemático:
1. Psicologia

Conteúdo

Introdução 7

1. Subjetividade, trabalho e ação: Uma visão de conjunto 19

2. A psicologia das massas sob a perspectiva da clínica do trabalho 43

3. Outra forma de civilidade: A cooperação 79

4. Os limites axiológicos da cooperação e a questão da renúncia 121

5. A cooperação vertical e a questão da autoridade 143

6. Honrar a vida pelo trabalho 165

7. O espaço de deliberação no trabalho 181

8. Deontologia do fazer e democracia 201

Conclusão 229

Referências 237

Introdução

A clínica do trabalho nasceu logo ao término da Segunda Guerra Mundial, na França, por iniciativa de psiquiatras como Tosquelles e Le Guillant. Preocupados essencialmente com a análise dos efeitos deletérios do trabalho na saúde mental, esses profissionais fundaram uma clínica situada no campo mais amplo das pesquisas então voltadas para a psicopatologia. O objetivo do projeto seria o de centrar a especificidade dos processos em causa nas afecções mentais ligadas ao trabalho, para diferenciá-los daqueles habitualmente analisados e discutidos no âmbito da psicopatologia geral. Passados mais de 40 anos, em 1993, surgia um novo quadro teórico designado como "psicodinâmica do trabalho". Com essa nova denominação, os pesquisadores ganharam uma ampliação do campo de investigação iniciado a partir do início da década de 1980, voltado principalmente para a análise dos processos de luta dos homens e das mulheres para preservar seu equilíbrio mental – a "normalidade" – em despeito dos constrangimentos patogênicos exercidos pela organização do trabalho.

No entanto, no decorrer dos anos 1990, os clínicos registraram sinais inconfundíveis de um agravamento das patologias mentais ligadas ao trabalho, até que as primeiras tentativas de suicídio e os primeiros suicídios fossem perpetrados no próprio local de trabalho.

Não obstante, na sequência de um encontro interdisciplinar cujas conclusões foram reunidas no livro *Plaisir et souffrance dans le travail*, a pesquisa seguiu o seu curso sobre as condições que permitem, às vezes, que o trabalho abra as portas ao prazer e desempenhe um papel de mediador na construção da saúde. Mesmo que a degradação da relação entre saúde mental e trabalho prossiga o seu curso sinistro, argumentos foram sendo reunidos durante os vinte últimos anos para sustentar que, durante essa evolução, nada é inelutável. O objetivo desse livro é fazer um levantamento do estado da arte dos conhecimentos clínicos e teóricos hoje disponíveis, se desejarmos pensar os princípios de uma nova política do trabalho. Uma política que não teria tão só a ambição de prevenir as doenças mentais do trabalho, mas a de retomar o controle sobre a organização do trabalho para dela obter a potencialidade de recursos na construção da saúde e na realização de si mesmo, de um lado, e na aprendizagem do viver juntos e da recomposição das ligações de solidariedade, de outro.

Para pensar de maneira racional uma política do trabalho, é necessário de antemão uma teoria do "*trabalho vivo*". No primeiro tomo deste livro é tratada a questão de como a pesquisa oriunda do confronto entre as ciências do trabalho – a ergonomia em particular, de uma parte, e a psicanálise de outra – contribuiu para o conhecimento da condição humana ordinária e do lugar ocupado respectivamente pela sexualidade e pelo trabalho.

Mas o trabalho vivo não diz respeito apenas à ordem individual. Trabalhar, também passa pelas relações cooperação. A cooperação é o resultado de uma construção. Ela procede da formação de uma vontade coletiva, vontade que, *nolens, volens*, está em luta contra a dominação, pois o trabalho sempre foi e sempre será um tema de relevância maior nas relações de dominação.

Mas o trabalho, por suas próprias características de produção de valor, também é uma alavanca de grande poder sobre a qual é possível apoiar-se para negociar certos compromissos, alguns dos quais se apresentam como favoráveis não apenas para a conquista da saúde, mas ainda também para a busca da emancipação. Mesmo que submissa a uma dupla dominação – a dominação social e a dominação de gênero –, foi por causa do trabalho que a mulher progrediu em seu movimento de emancipação.

Em razão disso, o trabalho apresenta-se como uma arena essencial na qual é possível viver a luta pela emancipação, e é por essa razão que se pode sustentar a tese da centralidade política do trabalho. Examinar a dimensão política do trabalho vivo será o objeto deste segundo tomo.

As dimensões coletivas do trabalho, analisadas à luz da clínica e da psicodinâmica do trabalho, permitem extrair uma argumentação crítica vis-à-vis as teorias da sociedade, que, em regra, não atribuem à organização do trabalho um lugar determinante na formação ou na desestruturação das relações entre os seres humanos.

Uma vez que a antropologia do trabalho individual apresentada no tomo I apoia-se de modo consistente na psicanálise, não se pode evitar empreender a análise a partir de uma crítica à teoria social freudiana. Ora, a propósito do trabalho, Freud escreveu muito, mesmo que isso ocorresse involuntariamente. Em um texto como "Remémoration, répétition, perlaboration",[a] que conta com apenas 9 páginas, ele emprega quatorze o termo trabalho: "Arbeit" – *Erinnerungsarbeit*, *Therapeutischearbeit*, *Durcharbeiten*, *Erarbeiten* (idem, p. 134), dispêndio de trabalho (ibidem, p. 126), trabalho de interpretação (ibidem, p. 126), perlaboração das resistências (ibidem, p. 135).[1]

Freud alcança uma dimensão fundamental do trabalho que é desconhecida pelas ciências do trabalho: aquilo em que consiste o trabalho sobre si, o trabalho da subjetividade sobre ela mesma, ou ainda a exigência de trabalho imposta ao psiquismo – ou ao Eu – pelas moções provenientes do inconsciente. Trabalho psíquico cujo modelo é a elaboração – *Erarbeiten* – e então o trabalho do luto, o trabalho da melancolia, o trabalho do sonho, o trabalho da rememoração, o trabalho terapêutico se constituem como variações, apresentando cada qual seu próprio desígnio e suas especificidades. Todas essas formas do trabalho psíquico (*psychische Arbeit*) têm em comum acarretar mudanças, a "progressos" ou a um "desenvolvimento" psíquico, "tratar" a excitação ou a angústia provenientes de conflitos intrapsíquicos, produzir novas ligações psíquicas.

Freud consagrou tantas páginas à analisar o trabalho (como, por exemplo, o trabalho do sonho no grande capítulo 4 de *A interpretação dos sonhos* ou ainda na décima das *Novas conferências introdutórias à psicanálise*), que pode parecer grande imprudência afirmar que o teria feito involuntariamente. Se me permito essa formulação, é porque Freud não percebeu, ao escrever tais textos, que o trabalho psíquico – a elaboração – era em regra geral da mesma linhagem, descendente mesmo, do trabalho ordinário, isso através da tensão, ou do sofrimento proporcionado no Eu pela provação subjetiva que implica o trabalho, agora definido como trabalho de produção (*poiesis*).

Desse trabalho ordinário, orientado para o mundo, dessa oportunidade de combater a resistência do real pela maestria Freud

1 Sigmund Freud, "Erinnern, Wiederholen und Durcharbeiten", *Gesammelte Werke*, Vol. X; tradução francesa, "Remémoration, répétition et perlaboration", *Œuvres complètes*, tomo XII, Paris, Presses Universitaires de France, 2005 [1914].

pouco fala. Esse trabalho específico não o interessa. Ele o concebe, quando é obrigado a evocá-lo, como um fardo, como uma atividade árdua ou cansativa, como um constrangimento que exige sacrifício, e mesmo sofrimento físico, e que provoca aversão ou torpor.

> *A grande maioria dos homens trabalha apenas forçada pela necessidade, e desta aversão natural dos homens pelo trabalho decorrem os problemas sociais mais importantes.*[2]

Freud concebe o trabalho ordinário de produção no sentido do "*labour*", muito diferente do "*work*" que conota também a noção de obra. Ele é levado, como tantos outros, a conceber o trabalho como uma infelicidade socialmente gerada. Para Freud não há nada em comum entre o trabalho "*labor*" (o trabalho de força) e o trabalho "*opus*" (a obra). Ao contrário, tudo os opõe. A ponto de que a obra nunca é pensada como trabalho. Ela está na ordem da criação e diz respeito à sublimação (*Sublimierung*). Freud não pensou que o trabalho de um artesão, ou de um operário qualificado, pudesse ter uma dimensão criativa, ou inventiva, ou que pudesse entreter uma relação qualquer com a sublimação. E é importante observarmos bem essa distinção realizada por Freud para evitar a redução – absolutamente abusiva! – de toda atividade de trabalho a uma sublimação. Ter um emprego não implica sempre estar diante de uma porta aberta para a sublimação. Longe disso! De fato – Freud também neste aspecto tinha razão –, um número impressionante de empregos caracteriza-se pela confrontação com os constrangimentos organizacionais que tornam impossível o emprego da inteligência e não dão à criatividade, à descoberta, à engenhosidade qualquer possibilidade de manifestação. Essas

---

2 Sigmund Freud, *Malaise dans la culture*, *Œuvres complètes*, tomo XVIII, Paris, Presses Universitaires de France, 2002 [1930], p. 267, nota 1.[b]

tarefas merecerão mesmo o epíteto de tarefas "antissublimatórias". E com consequências dramáticas para o vir a ser subjetivo e a saúde mental.[3]

O ponto de vista de Freud era demasiadamente maniqueísta para que ele pudesse perceber que o trabalho ordinário – a partir do momento em que exige a efetuação de "habilidades", de inventividade ou de astúcias – supõe o emprego simultâneo de uma inteligência inventiva e uma aplicação profunda de toda a subjetividade, chegando a incorporar a matéria, com a ferramenta ou com o objeto técnico. Esse maniqueísmo de Freud não depende tanto do desconhecimento, me parece, e sim de sua indiferença: a esfera de trabalho ordinário não o interessava. Sua atenção, sua curiosidade estavam voltadas para a criação artística e literária. Os grandes homens (*Grosse Männer*), apenas esses o interessavam:

> *Obtém-se o máximo [na luta contra o sofrimento] ao se conseguir elevar suficientemente o ganho de prazer proveniente das fontes de trabalho psíquico e intelectual. O destino então pouco pode fazer contra nós. As satisfações desse gênero, tais como a alegria do artista ao criar, ao dar corpo a suas fantasias, a alegria do pesquisador ao resolver um problema e ao reconhecer a verdade têm uma qualidade particular que um dia poderemos caracterizar metapsicologicamente. Por ora podemos apenas dizer, de maneira figurada, que elas nos parecem "mais delicadas e mais elevadas", mas sua intensidade é amortecida, comparada à satisfação proveniente da satisfação de* **moções pulsionais grosseiras** *e primários; elas não abalam nossa corporeidade. Mas a fraqueza deste método está em não ser de aplicação geral,*

3 Cf. Christophe Dejours, *Travail: Usure mentale*, Paris, Bayard, 2008, pp. 72-83.

> *são poucos os que a ele têm acesso. Ele supõe predisposições e talentos particulares que não são frequentes em proporção eficaz.*[4]

Se evoquei a maneira como Freud percebe o trabalho, é por causa desse maniqueísmo que lhe ficam encobertos os elos que vinculam o trabalho ordinário de produção – *poiesis* – ao trabalho extraordinário de criação. Se é importante estabelecer uma distinção analítica e conceitual entre as duas ordens distintas de trabalho, não justifica opor sistematicamente os grandes homens (*Männer*) aos homens ordinários (*Menschen*) tendo por referência exclusiva o "trabalhar".

Em nossa pesquisa sobre o trabalho, pudemos perceber que, ordinário ou extraordinário, o trabalho está sempre orientado para uma *poiesis*, para a produção. A obra de arte, assim como a obra literária estão em primeiro lugar, submetidas aos constrangimentos de uma produção. Em seguida, todo trabalho exige o domínio de uma técnica com certo grau de virtuosismo (*techné*). Todo trabalho, confronta o trabalhador com o *real*, ou seja, com o que se deixa conhecer. O real do mundo material que faz surgir a experiência do fracasso, real que se transmuta em seguida em enigma a ser decifrado e vencido.

Nossa pesquisa sobre o trabalho sugere: o que caracteriza o trabalho como trabalho vivo é, em essência, a resistência ao fracasso, a capacidade de demonstrar obstinação nesse confronto com o real, do qual é possível mostrar que ela tem uma dimensão propriamente física. Pois o zelo não se limita à mobilização da inteligência, ele é também a obstinação em sustentar o confronto até a dimensão física de um combate corpo a corpo com o real que resiste. Entre a experiência do real e o encontro da solução há esse

---

4 Sigmund Freud, *Malaise dans la culture*, op. cit., pp.266-267.[c]

espaço intermediário de sofrimento, de tolerância ao sofrimento, de resistência ao sofrimento, de corpo a corpo com a resistência, sem os quais não surgirá uma intuição relacionada à solução, sem os quais nenhum progresso será possível. Já o observamos e tecemos longo comentário: a inteligência no trabalho é antes uma inteligência do corpo (cf. tomo I, capítulo primeiro). Essa perseverança talvez tenha uma relação com os conceitos aristotélicos de *energeia*, de *orexis* e de *boulesis*. A *energeia* é o exercício, é

> *a atividade pela qual uma potência se exerce e tende para o seu fim: para Aristóteles, o desejo (orexis) pode ser irrazoável e desrazoável, ele é então denominado cobiça (epithumia). Se o desejo escuta a voz da razão mas a compreende de maneira enviesada, ele é então chamado arroubo (thrumos: VII, 7, 1149, a, 26-32). O desejo pode, por fim, ser um desejo razoável e razoado. É então chamado de anseio (boulesis). Esse desejo será chamado, mais tarde, de vontade, mas o anseio aristotélico é e continua desejo, e é ele que, para Aristóteles, está no princípio da ação humana não como um elemento suficiente, mas como um elemento necessário.*[5]

Referir-se aqui à *Ética a Nicômaco* parecerá, para muitos, algo impróprio, uma vez que esse texto de Aristóteles é tido por uma teoria da ação. Ação no sentido da ação ética (*praxis*), que Aristóteles contrapõe justamente ao trabalho (*poiesis*). Teremos de voltar a esse ponto mais adiante, pois a retomada sistemática do trabalho vivo, à luz da clínica, sugere reavaliar a distinção aristotélica que

5 Paul Ladrière, "La sagesse pratique. Les implications de la notion aristotélicienne de *phronèsis* pour la théorie de l'action", in Patrick Pharo & Louis Quéré (org.), *Les formes de l'action*, coleção "Raisons Pratiques", Paris, Éditions de l' École des Hautes Études en Sciences Sociales (Ehess), 1990.

perpassa toda a filosofia até Hannah Arendt e sua *La condition de l'homme moderne*, de 1958.[d] E com certeza há nessa ideia de resistência e de obstinação em relação à experiência do fracasso algo que aproxima a aquisição de habilidades, e mesmo de toda a engenhosidade, do *hexis*, do hábito, *habitus*.

> *O hexis significa aptidão, maneira de ser, disposição permanente e, mais precisamente em Aristóteles, "potência" já determinada à ação, "potência" entendida no sentido que toma essa palavra no binômio - oposição aristotélica de "potência e ato". A virtude moral, assim caracterizada como hexis, faz com que se compreenda a importância que toma em Aristóteles a distinção entre hexis e energeia. O hexis é a disposição que precede imediatamente e de maneira operatória a energeia. A energeia é o exercício, a implementação do hexis.*[6]

O *hexis* é uma dimensão irredutível do zelo, se por zelo se compreender não apenas a inteligência, mas a sua mobilização e a obstinação pelo cumprimento da tarefa. Com o *hexis*, já se perfila a dimensão propriamente ética do trabalho vivo. No que toca às

> *virtudes [...] adquirimo-las pelo exercício, tal como acontece com as artes. Efetivamente, as coisas que temos que aprender antes de poder fazê-las, aprendemo-las fazendo: por exemplo, os homens tornam-se arquitetos construindo, e tocadores de lira tocando esse instrumento; e do mesmo modo, tornamo-nos justos praticando atos justos, moderados agindo moderadamente, e com as ações corajosas que nos tornamos corajosos.*[7]

6 Paul Ladrière, op. cit.

7 Aristóteles, *Éthique a Nicomaque*, traduction de J. Tricot, Paris, Vrin, 1994, II, 1, 1103a, 15-103b, 3.[e]

É no decurso dessa análise da relação com o real e desse tempo intermediário da perseverança (como *habitus-hexis*, e como exercício – *energeia*) que encontramos os processos em causa na apropriação das habilidades de ofício. Nossa pesquisa sobre o trabalho vivo conduziu-nos até o "trabalho psíquico", ao *Arbeit* freudiano: a assimilação de uma nova habilidade passa por um processo de apropriação complexo que impõe um remanejamento da arquitetura subjetiva como um todo. Adquirir uma habilidade exige uma evolução da personalidade, o que nos autoriza a afirmar que *o trabalho vivo não consiste apenas em produzir, mas implica ainda transformar-se a si próprio*. Aqui se encontra assim designada a mutação do enigma do real em exigência de trabalho para o psiquismo (*Arbeitsanforderung*). A *poiesis*, assim, chama de alguma maneira ao remanejamento da subjetividade, como na conversão de um *try*, no rúgbi, conversão necessária para que a meta (*goal*) seja atingida, e que clama por ser, na sequência, "convertida". Essa "conversão", que constitui uma das potencialidades mais refinadas do trabalho vivo, leva à sublimação. Faz do trabalho – *poiesis* – uma promessa: a de uma ampliação da subjetividade – *Arbeit* – que abre caminho para a realização de si mesmo.

Mas essa promessa de ampliação da vida subjetiva contida no trabalho vivo não pode materializar-se sem que estejam reunidas algumas condições sociais e políticas precisas.

No primeiro tomo deste livro, colocamos em evidência os processos em causa nessa "conversão" própria a cada indivíduo, quando ela é possível. No segundo tomo devemos considerar as condições que autorizam a concretização do trabalho como promessa. Essas condições dizem respeito ao "mundo", no sentido dado por Hannah Arendt a esse termo quando de seu comentário sobre Platão. Mundo no sentido de mundo habitável e habitado pelos humanos, quando é possível para eles viverem juntos; mundo em que é dado a todos, na pluralidade, a possibilidade de elaborar (ou "perlaborar") a experiência do real e, eventualmente, de compartilhar o seu sentido.

Iremos além dessa pesquisa. Na sequência da análise do trabalho vivo, passando pelo estudo sistemático dos requisitos da cooperação, mostraremos que a relação com o trabalho poderia desempenhar um papel chave na formação e na transformação da pólis.

Abordar esta pesquisa supõe, uma vez mais, começar pelos textos metapsicológicos. Freud não tinha grande gosto, já o dissemos, pela clínica do trabalho. Por isso, não examinou o que a relação com o trabalho podia trazer para a formação, até mesmo como modo de perenizar o "mundo". Ele pretendia, no entanto, construir uma teoria social. Para poder considerar a formação das sociedades, Freud apela não para o *trabalho* mas para a *libido* como força de ligação e de agregação dos seres humanos. De fato, a tese da centralidade do trabalho vis-à-vis à pólis, que me esforçarei em desenvolver neste segundo tomo, deixará transparecer as contradições com a teoria social de Freud.

No sentido de permitir ao leitor que tem em mãos o presente volume sem antes ter tomado conhecimento do tomo I, proporcionarei inicialmente uma visão do conjunto do objeto destes dois volumes (capítulo primeiro).

Para avaliar em seu conjunto a distância entre a teoria social de Freud e o que implica a tese da centralidade do trabalho em relação à pólis, proporei uma análise de um dos mais importantes e comentados "textos sociológicos" de Freud: *Psicologia das massas e análise do Eu* (capítulo 2).

Prosseguirei por um capítulo sobre o "trabalhar juntos", e mais precisamente sobre o que a clínica contribui para a descrição do coletivo de trabalho e da cooperação (capítulo 3).

O capítulo seguinte será consagrado à análise da psicodinâmica do reconhecimento e aos limites axiológicos do reconhecimento no trabalho (capítulo 4).

O capítulo 5 tratará do problema específico da cooperação vertical e da questão controversa da autoridade.

O capítulo 6 abordará as relações entre o "trabalhar", o político e a vida.

O capítulo 7 versará sobre o lugar da deliberação coletiva no trabalho.

E terminaremos este percurso por um questionamento sobre como o conhecimento do trabalho pode contribuir para a análise do princípio de emancipação (capítulo 8).

Notas do tradutor

a Sigmund Freud. "Recordar, repetir e elaborar (novas recomendações sobre a técnica da psicanálise II)". Edição Standard Brasileira das Obras Psicológicas Completas de Sigmund Freud, Vol. XII. Rio de Janeiro: Imago, 1969 [1914]. Quanto à paginação entre parênteses no corpo do texto, cf. a nota do tradutor b do capítulo 2 do tomo I, p. 73.

b Sigmund Freud. A mal estar na cultura, São Paulo L&PM Pocket, 2010, 119 pp./ *O mal-estar na civilização*. In: Sigmund Freud, Obras completas, Vol. 18. São Paulo: Companhia das Letras, 2010, p. 36, nota 8.

c Idem, pp. 35-36.

d Hannah Arendt. *A condição humana*. 11. ed. revisada. Rio de Janeiro: Forense Universitária, 2010.

e Aristóteles. *Ética a Nicômaco*. São Paulo: Martin Claret, 2001.

1. Subjetividade, trabalho e ação: Uma visão de conjunto[1]

Neste capítulo, eu gostaria de apresentar uma visão de conjunto, uma espécie de resumo das questões abordadas nos dois tomos desta obra. Ficarei limitado a uma exposição sucinta sobre o que a psicodinâmica do trabalho pode contribuir para a análise das relações entre *trabalho* e *subjetividade* e a indicar como, segundo minha opinião, o caminho capaz de reunir a subjetividade e a teoria da ação passa por uma análise precisa das relações entre o trabalho e a vida.

A psicodinâmica do trabalho é antes de mais nada uma disciplina *clínica* que se sustenta na descrição e no conhecimento das relações entre trabalho e saúde mental. É, em seguida, uma disciplina *teórica* que se esforça por inscrever os resultados da pesquisa clínica da relação com o trabalho em uma teoria do sujeito que considera a um só tempo, a psicanálise e a teoria social.

1 O essencial deste capítulo foi publicado no artigo "Subjectivité, travail et action". In: *La Pensée*, n. 328, pp. 7-19.

O que é o trabalho?

Definição

As controvérsias entre as disciplinas – sociologia, economia, ergonomia, psicologia, engenharias – explicam-se por suas concepções muito diferentes acerca do trabalho. Para uns, trata-se antes de uma relação social (tipicamente: uma relação salarial), para outros, trata-se sobretudo do emprego, para outros ainda, trata-se de uma atividade de produção social etc.

Para nós, a partir do olhar clínico, o trabalho é o que implica, de uma perspectiva humana, o fato de trabalhar: os gestos, os saber-fazer, o engajamento do corpo, a mobilização da inteligência, a capacidade de refletir, de interpretar e de reagir a diferentes situações, é o poder de sentir, de pensar, de inventar etc. Em outros termos: para o clínico, o trabalho não é, em primeira instância, a relação salarial ou empregatícia, é o "trabalhar", ou seja, um modo específico de engajamento da personalidade para enfrentar uma tarefa definida por constrangimentos (materiais e sociais). O que para o clínico ainda aparece como a característica maior do "trabalhar" é que, mesmo se o trabalho seja bem concebido, mesmo que a organização do trabalho seja rigorosa, mesmo que as indicações e os procedimentos sejam claros, é impossível atingir a qualidade caso se respeite à risca as prescrições. Pode-se observar que as situações de trabalho ordinárias são impactadas por acontecimentos inesperados, panes, incidentes, anomalias de funcionamento, incoerências organizacionais, imprevistos provenientes tanto da matéria, das ferramentas e das máquinas, como dos demais trabalhadores, colegas, chefes, subordinados, da equipe, da hierarquia, dos clientes... é muito importante reconhecê-lo, não existe trabalho de execução.

Em verdade, sempre haverá uma discrepância entre o prescrito e a realidade concreta da situação. Essa discrepância entre o prescrito e o efetivo encontra-se em todos os níveis da análise entre tarefa e atividade,[2] ou ainda entre organização formal e organização informal[3] do trabalho. Trabalhar é vencer, *preencher* a disparidade entre o prescrito e o efetivo. Ora, o que se deve colocar em ação para tal não pode ser previsto de antemão. O caminho a ser percorrido entre o prescrito e o efetivo deve ser a cada momento inventado ou descoberto pelo sujeito que trabalha. Assim, para o clínico, o trabalho define-se como o que o sujeito deve acrescentar às prescrições para poder alcançar os objetivos para os quais foi designado; ou ainda, o que o trabalhador deve acrescentar de si para fazer frente ao que não dá certo quando ele se atém escrupulosamente à execução das prescrições.

O real do trabalho

Como essa discrepância, irredutível entre a realidade, de um lado, e as prescrições e os procedimentos, de outro, se deixa conhecer pelo sujeito que trabalha? Sempre sob a forma de *fracasso*: o real se deixa conhecer pelo sujeito por sua resistência aos procedimentos, ao saber-fazer, à técnica, ao conhecimento, isto é, pelo fracasso imposto à maestria. O mundo real resiste. Ele confronta o sujeito levando-o ao fracasso, provocando a manifestação de um sentimento de impotência, ou de irritação, de raiva ou ainda de decepção ou de desalento. O real se deixa conhecer pelo sujeito sob o efeito de surpresa desagradável, ou seja, de um modo *afetivo*. É sempre afetivamente que o real do mundo se manifesta para o

---

2 François Daniellou, Antoine Laville & Catherine Teiger. "Fiction et réalité du travail ouvrier". Paris, La Documentation Française, *Les Cahiers Français*, n. 209, 1983.

3 Jean-Daniel Reynaud. *Les règles du jeu. L'action collective et la régulation sociale*. Paris: Armand Colin, 1989.

sujeito. Mas no instante em que o sujeito experimenta de fato, a resistência do mundo, é a afetividade que se manifesta em si. Assim, é nessa relação primordial de sofrimento no trabalho que o corpo realiza a um só tempo a experiência do mundo e de si mesmo.

Sofrimento e inteligência

Mas o "trabalhar" não se reduz à experiência pática do mundo. O sofrimento afetivo, absolutamente passivo, do encontro com o real, ao definir uma ruptura da ação, não é apenas o ponto de chegada ou o termo de um processo que une a subjetividade ao trabalho. O sofrimento é também um ponto de partida. Nessa experiência, se concentra a subjetividade, o sofrimento torna-se um ponto de *origem* visto que essa condensação da subjetividade sobre si mesma anuncia um tempo de dilatação, de reorganização, de reexpansão que lhe sucede. O sofrimento não é apenas uma consequência última da relação com o real, mas é também proteção da subjetividade com relação ao mundo em busca de meios para agir sobre o mundo, para transformar esse sofrimento encontrando os meios de superação da resistência do real. Assim, o sofrimento será ao mesmo tempo impressão subjetiva do mundo e origem do movimento de conquista do mundo. O sofrimento, enquanto é afetividade absoluta, está na origem dessa inteligência que parte em busca do mundo para experimentar-se a si própria, para transformar-se, para ampliar-se.

Nesse movimento que parte do real do mundo como resistência à vontade ou ao desejo, para completar-se como inteligência e em poder de transformação do mundo, nesse movimento, portanto, a subjetividade transforma-se, amplia-se e revela-se a si mesma.

A inteligência e o corpo

Desde a origem da experiência da resistência do mundo até a intuição da solução prático-técnica e a experimentação das respostas ao real, é sempre o corpo o primeiro implicado. Ao contrário do que pode supor o sentido comum, o trabalho intelectual não se reduz a uma cognição pura, uma vez que o trabalhar inicia-se pela experiência afetiva do sofrimento, do pático. Não há sofrimento sem um corpo capaz de experimentá-lo. Em realidade, a inteligência no trabalho nunca é redutível a uma subjetividade sobrepondo-se ao sujeito. A subjetividade só é experimentada na singularidade irredutível de uma encarnação, de um corpo particular e de uma corporeidade absolutamente única.

Seria necessária uma longa discussão para explicitar as relações entre a inteligência no trabalho e o corpo. A habilidade, a desteridade, o virtuosismo e a sensibilidade técnica passam pelo corpo, capitalizam-se e ficam gravados no corpo. O corpo como um todo, e não apenas o cérebro, é está localizada a inteligência e da habilidade no trabalho. O trabalho revela que é justamente no corpo que reside a inteligência do mundo e é por seu corpo que o sujeito investe no mundo para torná-lo seu, para habitá-lo.

A formação dessa inteligência passa pela relação prolongada e obstinada do corpo com a tarefa. Passa por uma série de procedimentos sutis de familiarização com a matéria, com as ferramentas e com os objetos técnicos.

Por exemplo: para dominar completamente uma máquina-ferramenta, para ter o domínio pleno sobre ela, é necessário sentir essa máquina, desenvolver uma sensibilidade que enlaça todas as suas características mecânicas. É necessário ser capaz – o que não é nada fácil – de colocar-se em "simbiose" com a máquina, como se ela fizesse parte do próprio corpo que se torna então capacitado, por meio de uma broca, de palpar e penetrar o metal ou de lhe arrancar as lascas. Se eu não for capaz de sentir essa ação do metal contra o metal, com o meu corpo, corro o sério risco de deixar sobreaquecer a máquina, e de quebrá-la. O operário habilidoso não se concentra apenas no objeto a ser usinado, ele pensa constantemente na máquina, para que a máquina não quebre.

Como se adquire essa sensibilidade extraordinária que os autores americanos nomeiam "*tacit skills*",[a] que outros caracterizam pelo termo "sentido técnico" ou "sexto sentido"? É necessário familiarizar-se com a máquina para "tornar-se" máquina – o que se pode chamar de "fazer corpo" com a máquina.

Para obter esse resultado, é necessário estabelecer um diálogo com a máquina. Mas esse diálogo é desigual, uma vez que a máquina não fala. Pode-se, em determinadas circunstâncias, vencer esse obstáculo procurando conhecer as suas reações: acelerando a rotação, sentindo as vibrações, suas tremulações, ruídos, os odores exalados nas diferentes temperaturas do óleo até que, de repente, a máquina quebra! Fico conhecendo, por tê-la levado ao seu limite, os pequenos sinais que precedem a pane: uma estridência particular, uma vibração anormal, um cheiro de óleo queimado e, a partir do instante que percebo qualquer um desses sinais, paro a máquina para deixá-la repousar, para que esfrie.

Para dialogar assim com a máquina, devo passar pela experiência de uma *fantasia*: uma fantasia estranha, uma fantasia vitalista. Devo emprestar à máquina uma vida, manipulá-la como se fosse um animal, para assim ser capaz de domesticá-la. De tanto praticar esse relacionamento de intimidade com a máquina, termino por afeiçoar-me. É por causa disso que os operários, com frequência, dão apelidos a suas máquinas: "Gatinha". E conversam: "Agora, simbora, teteia... isso aí... muito bom!" E a partir do momento que dispõem de um tempo livre, eles a desmontam, a limpam, a lubrificam, a lustram, como se se tratasse de um ser querido, de uma criança, um animal doméstico, um corpo.

Zola descreve esse fenômeno em *A besta humana* (*La bête humaine*), com o mecânico (Lantier) e sua maria-fumaça (batizada de Lison) em disparada sobre os trilhos.

Do trabalho ao corpo

É esta a inteligência do corpo. Mas, ao tempo que adquiro essa intimidade com a máquina, também descubro em mim novas habilidades, novos saber-fazer, novos registros de sensibilidade, aprendo a sentir e a amar o contato com o metal, com a madeira, com a pedra. Posso experimentar uma verdadeira emoção ao apalpar uma pedra, ao acariciar uma madeira. É assim, no decorrer do tempo em que estou trabalhando, que minha sensibilidade, minha subjetividade se desenvolvem, ampliam-se.

Ao tornar-me mais hábil em meu trabalho, transformo-me a mim, enriqueço-me, talvez consiga mesmo realizar-me.

Tudo o que acabo de descrever não é válido apenas para o artesão. É verdadeiro para o piloto de caça: pilota-se um avião com suas vísceras, e não com procedimentos e manuais. Nos tornamos bons motoristas quando sentimos o carro até a pontinha do para-lama e do para-choque, como se também fossem envolvidos, protegidos por sua pele. E quando eu cruzo um ônibus separados apenas por um fio de cabelo, sinto na lombar um arrepio. Assim, consegui habitar a carroceria como se integrasse meu próprio corpo.

E para pilotar uma central nuclear, as coisas seguem o mesmo rumo, ou ainda para comunicar-se com o público. Tudo acontece através do corpo, da capacidade de sentir, a escuta ou a perda de interesse por parte do auditório. A professora primária também, ela consegue dirigir a classe porque ela sente as crianças, se elas estão atentas ou cansadas, com o seu próprio corpo.

A habilidade técnica, o sentido técnico pressupõem para cada atuação um processo de "subjetivação" da matéria e dos objetos que podem ser descritos em detalhes tal como o propuseram Böhle e Milkau[4] na teoria da "atividade subjetivante" – *Subjektivierendes Handeln* – que pinça suas fontes na fenomenologia, muito particularmente na fenomenologia de Merleau-Ponty.[5] Os gregos já detinham uma concepção dessa inteligência do corpo e que designavam como *métis*, a inteligência astuciosa.[6]

O segundo corpo

Convém insistir: o corpo do qual falamos aqui, este corpo que se apropria do mundo – segundo um processo que Michel Henry[7] propõe em sua análise a partir da formulação do conceito de "corpopriação"[b] do mundo – não é o corpo dos biólogos: é um segundo corpo, o corpo no qual moramos, o corpo que se experimenta afetivamente, o corpo no qual está engajada também a relação com o outro: gestual, mímicas, suores, tremores, sorrisos etc., tantas teclas de um repertório técnico do corpo, no sentido

---

4 Fritz Böhle & Brigit Milkau. "Vom Handrad zum Bildschirm". Munique: Campus, Institut für Sozialwissenschaftliche Forschung e.v. ISF, 1991; tradução francesa in C. Ancelin et alii. *De la manivelle à l'écran. L'évolution de l'expérience sensible des ouvriers lors des changements technologiques*. Coleção da "DER d'EDF". Paris: Eyrolles, 1998.

5 Maurice Merleau-Ponty. "Le primat de la perception et ses conséquences philosophiques". In: *Bulletin de la Société Française de Philosophie*, n. 41, 1947.

6 Marcel Detienne & Jean-Pierre Vernant. *Les ruses de l'intelligence. La métis des Grecs*. Paris: Flammarion, 1974.

7 Michel Henry. *La barbarie*. Paris: Grasset, 1987.

empreendido por Marcel Mauss,[8] colocadas à disposição do sentido e da vontade de agir sobre a sensibilidade do outro.

Ao segundo corpo, a esse corpo subjetivo que é constituído com base no corpo biológico, dá-se, na psicanálise, o nome de corpo erógeno. Pois possuímos dois corpos. E esse segundo corpo, o qual habitamos, o corpo da emoção afetiva, responsável pelo corpo a corpo nos jogos do amor, que às vezes é excitado, mas que também pode ser frígido ou impotente; e isso de modo completamente independente do corpo biológico, que permanece em perfeito estado. Assim, esse segundo corpo não surge no nascimento. Ele é construído aos poucos, na relação corpo a corpo entre a criança e o adulto em torno dos cuidados e asseio corporais. Esses cuidados jamais são exclusivamente higiênicos e dietéticos, ou instrumentais. O adulto que cuida do corpo da criança experimenta, ao ministrar esses cuidados, emoções eróticas, quer queira ou não. Essas manipulações provocam no adulto fantasias eróticas.

Assim, os cuidados com o corpo estão contaminados pelo sexual, e é essa contaminação sexual da relação do cuidado que está na origem da excitação e das curiosidades da criança, que, por seu turno, estão na origem de seu corpo erótico e de sua sexualidade.

E é bem esse mesmo corpo da experiência a mais íntima e da relação com o outro, que é convocado no trabalhar. O que é, convenhamos, uma descoberta surpreendente da clínica do trabalho.

Importa ainda insistir sobre uma particularidade desse processo de apropriação ou de "corpopriação" do mundo e dos objetos técnicos. Esse processo implica a subjetividade como um todo, pois a subjetividade é una e irredutível. A partir do instante em que ela se dissocia, aparece o espectro da doença mental (dissociação psicótica, fragmentação da despersonalização). A corpopriação supõe a

---

8 Marcel Mauss. "Les technique du corps". In: Marcel Mauss. *Sociologie et anthropologie*. Paris: Presses Universitaires de France, 1934.

manutenção de um comércio prolongado e obstinado com a experiência do fracasso, dos becos sem saída, dos caminhos sem volta, das tentativas sem sucesso, das experiências contrariadas, da impotência.[9] A corpopriação supõe que o sujeito seja habitado pelo sofrimento do trabalhar, da resistência e das evasivas do mundo ao seu poder e à sua maestria. Para que se forme essa intimidade com a matéria e os objetos técnicos, é necessário que o sujeito aceite ser habitado pelo trabalhar, mesmo em suas insônias, até mesmo em seus sonhos. É a esse preço que ele termina por adquirir essa familiaridade com o objeto do trabalhar que confere à inteligência seu caráter genial, ou seja, seu poder de engenhosidade.

A partir de então é possível compreender que, em decorrência desse fato, o trabalho não está, como muitas vezes se lhe atribui, limitado ao tempo físico efetivo passado na fábrica ou no escritório. O trabalho transpõe qualquer limite atribuído ao tempo de trabalho, ele mobiliza a personalidade por inteiro.

Trabalho e visibilidade

No essencial, o que acaba de ser descrito sobre o trabalho decorre da subjetividade. Isto significa que o trabalho, no que ele tem de essencial, não pertence ao mundo visível. Nem tudo o que é subjetivo, afetivo – o desejo, o medo, a dor... – pode ser visto. "O amor é experimentado de olhos fechados". O trabalho não pode ser avaliado, pois só o que pertence ao mundo visível é acessível à verificação e pode ser objeto de uma apreciação objetiva. De sorte que o que se avalia corresponde tão só ao que é visível (a parte materializada da produção) e que não tem qualquer proporcionalidade com o trabalhar efetivo.

9 Yves Clot, *Le travail sans l'homme?*, Paris: La Découverte, 1995.

Outras características das situações de trabalho agravam ainda a invisibilidade do trabalhar. Como compreendido, ser inteligente no trabalho é manter a distância em relação aos procedimentos e às prescrições. Trabalhar bem implica infringir as recomendações, os regulamentos, os procedimentos, os códigos, os termos de referência, a organização prescrita. Ora, em numerosas situações de trabalho, o controle e a vigilância dos gestos, movimentos, modos operatórios e procedimentos são rigorosos, quando não severos. De maneira que a inteligência no trabalho está condenada à discrição, até à clandestinidade, particularmente quando se trata de tarefas que envolvem a segurança das pessoas, de instalações ou ainda atividades que acarretam riscos ambientais e para as populações.

Esta é a razão de uma parte importante do trabalho efetivo permanecer à sombra e não poder, por isso, ser avaliada.

A dificuldade, pode-se mostrá-lo facilmente, agrava-se quando as atividades de trabalho evoluem para tarefas imateriais, quando deixa de haver produção de objeto material, como automóveis ou máquinas de lavar: em particular nas atividades do setor serviços, onde a parte mais importante do trabalho efetivo é invisível.

A inteligência no trabalho é, como o dissemos anteriormente, em essência inteligência do corpo, depositada no corpo. De sorte que, com frequência, o trabalhador hábil sabe acionar sua inteligência sem mesmo perceber o que está ocorrendo. Ele não dispõe das palavras necessárias para a descrição do trabalho efetivo, e é mesmo provável que o léxico, a própria língua sejam fundamentalmente deficitárias em relação a essa experiência do corpo (déficit semiótico).[10] A inteligência caminha com frequência e, por isso mesmo, alguns passos à frente da consciência ou do conhecimento

10 Josianne Boutet (org.), *Paroles au travail*. Paris: L'Harmattan, 1995.

que o sujeito tem sobre si. Tudo o que não está simbolizado no trabalho efetivo não pode, *a fortiori*, ser objetivado.

Conclui-se assim que, na atual fase de nossos conhecimentos sobre o trabalho, *não sabemos e não podemos avaliar quantitativamente e objetivamente o trabalho.*

Qual subjetividade?

A subjetividade entre trabalho e sexualidade

A análise da relação entre subjetividade e trabalho sugere, segundo a psicodinâmica do trabalho, que o trabalho de ofício mobiliza toda a subjetividade. Falta observar a relação inversa: o que deve a subjetividade ao trabalho? O trabalho é uma provação contingente, entre tantas outras para a subjetividade? Ou o trabalho é uma condição necessária para o advento da subjetividade? A essas perguntas não é possível oferecer uma resposta apoiando-se exclusivamente na psicodinâmica do trabalho. É necessário voltar à teoria da própria subjetividade. Por se tratar de clínica, de saúde e de patologia, é necessário adentrarmos aqui pela teoria psicanalítica do sujeito. Ora, é sabido que, em psicanálise, o que está no centro da subjetividade não é o trabalho, mas o sexual (ou a sexualidade). Contudo, havíamos mencionado anteriormente a importância do encontro entre o corpo e o real do mundo, tal qual ele se efetua na experiência concreta do trabalho vis-à-vis a ampliação da subjetividade. A psicodinâmica do trabalho pleiteia em favor da hipótese segundo a qual o trabalho não é redutível a uma atividade de produção no mundo objetivo. O trabalho é sempre uma provação para a subjetividade, da qual essa sai sempre ampliada, engrandecida ou, ao contrário, reduzida, mortificada. Trabalhar constitui, para a subjetividade, uma provação que a transforma. Trabalhar não é apenas produzir, mas também transformar a si próprio e, no melhor dos casos, é uma ocasião oferecida à subjetividade para provar-se a si mesma, para realizar-se.

Uma exposição alentada seria necessária para permitir o exame das relações entre a ampliação da subjetividade mediante a experiência do *trabalho* e o advento da subjetividade por meio da sexualidade, do desejo e do amor. Não devemos trata-los diretamente aqui, devemos antes, fazer referência ao estudo de seus capítulos específicos (tomo I, capítulos 2 e 3). Vamos nos limitar a assinalar as encruzilhadas teóricas que deveriam ser vencidas para se chegar a uma síntese desses dados. A contradição entre centralidade do trabalho e centralidade da sexualidade quanto ao advento e ao desenvolvimento da subjetividade constitui a dificuldade teórica maior. Na teoria psicodinâmica do trabalhar, o desenvolvimento da subjetividade passa pela relação entre o sofrimento e o real. Na teoria psicanalítica do sujeito, o desenvolvimento da subjetividade passa antes pelas pulsões e seus destinos. Encontrar uma resposta teórica ao *paradoxo da dupla centralidade* suporia resolver a questão das relações entre sofrimento e pulsão de um lado, entre real do mundo e inconsciente, de outro.

É possível que as relações entre sofrimento e pulsão sejam muito mais estreitas do que se poderia supor à primeira vista. Sofrimento e pulsão poderiam, precisamente, encontrar um denominador comum no trabalho, de um lado, no corpo, de outro. Freud em "As pulsões e seus destinos" define a pulsão como "a medida de exigência de *trabalho* imposta ao psíquico em consequência de suas relações com o *corpo*". Esta analogia nos termos empregados tanto em psicodinâmica do trabalho como em psicanálise só pode ser heurística vis-à-vis o paradoxo da dupla centralidade, depois de realizada uma exaustiva arqueologia da noção de trabalho na metapsicologia freudiana. Mais especificamente: trata-se de precisar as ligações semânticas entre o *Arbeit* freudiano tal como ele se encontra em noções como *Traumarbeit* (trabalho de sonho), *Trauerarbeit* (trabalho de luto), *Durcharbeiten* (perlaboração), *Verdrängungsarbeit* (trabalho do recalque), *Arbeitsanforderung* (exigência de trabalho), *Verdichtungsarbeit* (trabalho de condensação) etc., e o trabalho no sentido clássico de produção – *poiesis*.

O paradoxo da dupla centralidade estaria resolvido em uma exegese do conceito de pulsão com base na definição dada por Freud em 1915, à luz das contribuições da teoria do trabalhar originárias da clínica, é o que, no primeiro tomo desta obra procuramos considerar.

Subjetividade, trabalho e ação

Desde pronto, falar de centralidade do trabalho no funcionamento psíquico restabeleceria uma relação de consubstanciação entre trabalho e subjetividade. O trabalho adquiriria então um estatuto psicoantropológico, com todas as letras. Qual estatuto? O da provação eletiva de revelação da subjetividade a ela mesma. O trabalhar seria uma condição imanente de manifestação da vida absoluta.

É em razão deste estatuto do trabalhar em relação à *vida* que a questão das ligações entre trabalho e subjetividade deveria encontrar um espaço à sua altura na teoria da ação e no registro do político. Com a evolução do trabalhar sob o império das novas formas de organização do trabalho e de gestão específicas ao neoliberalismo, trata-se, *nolens volens*, do vir a ser do homem que está em jogo. Colocar a questão da subjetividade na teoria política é levantar a questão *do lugar que se estabelece para a vida na concepção mesma da ação.*

A subjetividade entre experiência singular e ação coletiva

Inteligência no singular e inteligências no plural

Até o presente do nosso desenvolvimento, simplificamos o problema colocado pelo trabalhar, analisando-o essencialmente como uma experiência solipsista da relação de si consigo mesmo. Mas o trabalho ordinário não se apresenta apenas desse modo. No contexto contemporâneo, ou mesmo desde já há um bom tempo, as situações ordinárias de trabalho não podem ser descritas como justaposições de experiências e de inteligências singulares. Em regra, trabalha-se para alguém, para o outro: para um patrão, para um chefe ou superior hierárquico, para seus subordinados, para seus colegas, para um cliente. O trabalho não é apenas uma atividade, é também uma relação social, pois ele se expande em um mundo humano caracterizado pelas relações de desigualdade, de poder e de dominação. Trabalhar é engajar sua subjetividade em um mundo hierarquizado, ordenado e repleto de constrangimentos, ainda perpassado pela luta de dominação. Assim, o real no trabalho não é apenas o real no cumprimento de uma tarefa, ou seja, o que, pela experiência do corpo a corpo com a matéria e os objetos técnicos, faz-se conhecer ao sujeito pela resistência à sua maestria. Trabalhar é também experimentar a resistência do mundo social e, mais precisamente, das relações sociais efetivação da inteligência e da subjetividade. O real do trabalho não é apenas o mundo real objetivo, é também o real do mundo social.

Antecipamos, provavelmente, alguns dilemas que a inteligência pode fazer surgir para aquele que se preocupa com organização do trabalho. Aquilo que – do trabalhar – não pertence ao mundo visível por fazer parte da subjetividade, o que, ademais, fica às vezes dissimulado aos olhos do outro pelo sujeito que trabalha (isso para proteger-se das punições que sua inteligência pode lhe ocasionar quando ela o leva a cometer infrações em relação às prescrições e aos procedimentos), pode acarretar sérios problemas de gestão técnica. O que ocorreria se cada qual, por si, trabalhasse com sua inteligência, à de sua maneira, segundo o seu jeito, seus gostos, seu gênio ou sua própria engenhosidade? As inteligências singulares, realmente, são capazes de abrir caminhos muito diferenciados nos saber-fazer, nas habilidades e nas técnicas individuais, recebendo, em contrapartida, a possibilidade de se criar divergências entre os estilos de trabalho com o risco de desestabilizar a coesão do coletivo de trabalho. Para corrigir os temerários riscos de contradição e de conflito entre as diferentes inteligências, é forçoso compensar o poder de desorganização dos estilos muito individualizados e particularizados do trabalho através da *coordenação das inteligências.*

Coordenação e cooperação

É bem verdade que a coordenação também suscita novas dificuldades. Desde o tempo das tradições tayloristas, as organizações do trabalho são essencialmente consagradas à divisão social e técnica do trabalho, atribuindo a cada um tarefas, atribuições e prerrogativas limitadas. Mas, aí também, se os trabalhadores respeitassem à risca as diretrizes dos engenheiros de métodos e dos gestores, nenhuma produção seria possível. É a "operação padrão".[c] Para que o processo de trabalho funcione, é necessário reajustar as prescrições e desenvolver a organização do trabalho *efetiva*, o que é diferente da organização do trabalho *prescrita*. À coordenação (prescrita), os trabalhadores respondem pela cooperação (efetiva). Entre uma e outra se interpõe uma série de iniciativas complexas que, desde que sejam eficientes, levam à formação de "regras de trabalho", ou mesmo de "regras de ofício", elaboradas pelos trabalhadores, provenientes de estabilizações de acordos entre membros do coletivo de trabalho sobre as maneiras de trabalhar. São compromissos firmados entre os estilos de trabalho, entre as preferências de cada trabalhador, de modo a torná-las compatíveis. Chegar a tal compromisso supõe que cada trabalhador, individualmente, comprometeu-se no debate coletivo para nele expor sua experiência, para tornar patentes e inteligíveis suas contribuições pessoais, seus saber-fazer, suas habilidades, seus modos operatórios. Não se trata de testemunhar sobre sua atividade efetiva, é necessário ainda que ele a torne compreensível e que justifique as discrepâncias que ele se autoriza, em relação aos procedimentos. No melhor dos casos, as modalidades de trabalho singulares são objeto de uma confrontação, de uma comparação, de uma discussão coletiva que permite a escolha daquelas mais aceitáveis e das que devem ser proscritas. Arbitragens são às vezes necessárias. Em última análise, toda atividade de confrontação supõe uma troca de argumentos fundados não apenas em considerações de ordem técnica, como também na referência às preferências, aos estilos, aos gostos, à idade, ao sexo, à saúde e aos antecedentes médicos, enfim, aos valores: pode ser uma confrotação de argumentos tanto de ordem técnica como ética, ou seja, uma constituída por argumentos híbridos à qual se dá o nome de "opiniões".

Os acordos firmados entre os trabalhadores no âmbito de um coletivo, de uma equipe ou de um ofício, e que se estabilizam sob a forma de acordos normativos, ou ainda sob a forma de regras de trabalho, apresentam sempre um vetor duplo: o objetivo de eficácia e de qualidade do trabalho, de um lado, o objetivo social, de outro. A cooperação supõe um compromisso que é a um só tempo técnico e social. Isso se deve ao fato de que trabalhar não é, em tempo algum, apenas produzir: é também e sempre viver junto. E viver junto não é um pressuposto em si, supõe a mobilização da vontade dos trabalhadores com o objetivo de esconjurar a violência no âmbito dos litígios ou das desavenças capazes de produzir desacordos entre as partes, sobre as maneiras de trabalhar. Essa atividade complexa é conhecida sob o nome de "*atividade deôntica*". Graças a essa atividade, a organização real do trabalho evolui e adapta-se, e isso em função da composição do coletivo e da transformação material do processo de trabalho.

Do ponto de vista do engajamento da subjetividade no trabalhar, a cooperação supõe, em certa medida, uma limitação consentida (ou imposta?) à experiência da inteligência e à expansão da vida singular na atividade. Trazer sua contribuição e seu consentimento aos acordos normativos em um coletivo implica frequentemente renunciar a uma parte do potencial subjetivo individual, em prol do viver junto e da cooperação.

A formação da vontade coletiva

Consentir em cooperar supõe, pelo menos em parte, tolher sua inteligência e sua própria subjetividade.

Muitos conflitos surgem no âmbito dos coletivos de trabalho indicando que essa renúncia nem sempre é facilmente consentida por todos. Alguns se recusam a tais limitações causadoras de um sofrimento intolerável, a seus desejos de se submeter à provação sem outro entrave que não os seus próprios limites. O individualismo triunfa então, colocando em xeque o coletivo e a cooperação.

Por que consentimos em participar da cooperação quando temos conhecimento dos riscos que pressupõem o engajamento na discussão coletiva (atividade deôntica) e na autolimitação da subjetividade?

Por uma razão extremamente precisa: mobilizar sua inteligência e sua subjetividade, engajar-se no debate de opiniões é uma contribuição essencial em prol da produção. Ao se oferecer essa *contribuição* à empresa, com todos os riscos nela implícitos, espera-se a uma *retribuição* ou aspira-se a ela. Que retribuição? Ao contrário do que se poderia acreditar, o que mobiliza a inteligência não é apenas a retribuição material, o salário, mas uma retribuição *simbólica*, ou mesmo "moral". Esta retribuição assume uma forma extremamente precisa: o *reconhecimento*.

Reconhecimento no duplo sentido da palavra:

- gratidão; e
- reconhecimento da realidade da contribuição do sujeito que trabalha; realidade do que, no trabalho, não é visível, mas é, ao final, o que é imprescindível a toda organização.

O reconhecimento não é mera gratificação mais ou menos demagógica. Para ter sua eficiência simbólica, o reconhecimento passa por julgamentos.

O julgamento de utilidade. Utilidade econômica, social ou técnica da contribuição fornecida pelo trabalhador. O julgamento é proferido pela hierarquia. O desejo de ser útil é psicologicamente crucial. Esta é a razão de ser tão perigoso para a saúde mental o ato de ser "colocado na geladeira" ou a situação de ficar desempregado: o sujeito torna-se *inútil* para o outro.

O julgamento de beleza. Este se anuncia sempre em termos estéticos: "é uma bela obra", "que belezura este concreto", este quadro de disjuntores está "uma obra de arte", uma "demonstração elegante, uma "conferência irretocável".

Esse julgamento só pode ser proferido por aqueles que conhecem a fundo o trabalho, os colegas, os pares. Ele concede, em retorno, o *pertencimento* a um coletivo, a um ofício, a uma comunidade.

Graças ao julgamento de beleza, o reconhecimento confere um estatuto novo àquele que trabalha:

- É um pesquisador como os outros pesquisadores.
- É um psicanalista como os outros psicanalistas.

- É um mecânico reconhecido como um verdadeiro mecânico pelos outros mecânicos etc.

Mas – e este ponto é capital – o reconhecimento como retribuição simbólica pela contribuição *não é direcionado à pessoa*. Ele diz respeito ao *trabalho*, à *qualidade do trabalho*. O julgamento de reconhecimento centra-se no *fazer*. Apenas em um segundo momento o sujeito pode eventualmente repatriar esse julgamento do registro do *fazer* no registro do *ser*: assim posso ser transformado pelo reconhecimento no sentido da realização de si mesmo.

O reconhecimento pode transformar o sofrimento em prazer. O reconhecimento que propicia ao trabalho o seu sentido subjetivo.

A questão do reconhecimento simbólico é considerável, o que é compreensível. Trata-se da identidade que busca realizar-se. É justamente porque o trabalho pode oferecer gratificações essenciais no registro da identidade que se pode obter a mobilização subjetiva, a inteligência e o zelo dos que trabalham.

Esse ponto é essencial. É ainda por causa desse reconhecimento sobre o *fazer* que se pode respeitar e manter relações de convívio com as pessoas pelas quais não se tem simpatia, até se sente alguma aversão. O reconhecimento da qualidade das contribuições singulares no registro do fazer desempenha um papel essencial na esconjuração da violência entre os seres humanos.

Freud o vislumbrou em *O mal-estar na cultura*, sem contudo compreendê-lo a fundo.

Se se considerar o que a cooperação pode trazer no registro individual e no registro social, pode-se compreender por que é possível a construção de uma solidariedade fundamental entre a experiência subjetiva que se busca a si mesma e a implicação coletiva na vontade de contribuir com as condições éticas do viver junto.

Ao contrário dos preconceitos que pesaram de modo contundente sobre as concepções da ação sindical e política, a referência à subjetividade não é necessariamente prejudicial à formação da vontade coletiva e à ação. Ao contrário: compromissos racionais entre subjetividade singular e ação coletiva são possíveis. O ponto de vista fundamental oferecido pela psicodinâmica do trabalho à concepção da ação é que uma ação só é racional se ela considerar o destino da subjetividade no trabalho e contribuir, ao mesmo tempo, com aquilo que, em toda atividade de trabalho, procede da subjetividade. Ou, para dizê-lo diferentemente: a ação coletiva é racional se ela se dá como objetivo não apenas a luta contra a injustiça, mas, de maneira explícita e prioritária, também a *celebração da vida*.[11] Se o objetivo da ação política é mesmo a celebração da vida e não o culto ao poder, ou melhor, se a luta contra a dominação tem por finalidade a celebração da vida e não o gozo do poder ou a promoção do individualismo consumista, então a ação e a luta deverão centrar-se com o objetivo de fazer da organização do trabalho um objetivo real e irredutível da deliberação política.

"O mal-estar na cultura"

A análise aqui proposta tem por meta a reconstituição dos elos intermediários dos processos que autorizam a sustentação da ideia de que é possível reunir a subjetividade singular e a ação coletiva na pólis. No centro destes processos, a relação com o trabalho talvez apareça como decisiva e insubstituível. O trabalhar pode ser a provação eletiva de revelação da vida para si mesma. Mas a relação com o trabalho só oferece essa possibilidade se for reconhecida e respeitada a parte que no trabalho diz justamente respeito à subjetividade.

---

11 Raphaël Gély. *Rôles, action sociale et vie subjective*. Bruxelas: Peter Lang, 2007, pp. 16-27.

Com a tendência neoliberal, a evolução contemporânea das formas de organização empresarial, do trabalho e de gestão, repousa em princípios que sugerem precisamente o sacrifício da subjetividade em nome da rentabilidade e da competitividade. Entre esses princípios eu destacaria dois, a título de ilustração.

O primeiro diz respeito ao recurso sistemático à *avaliação quantitativa e objetiva do trabalho*. Se se critica, às vezes, os métodos de avaliação, a maioria de nossos contemporâneos admite a sua legitimidade, porque persuadida pela dominação simbólica das ciências experimentais, pensa que tudo neste mundo é mensurável. Se, como já vimos, o essencial do trabalhar depende da subjetividade, o que é mensurável não diz respeito ao trabalho. Numerosas avaliações, às vezes de grande complexidade e sofisticação, levam a absurdos e a injustiças intoleráveis em relação à contribuição efetiva dos que trabalham. Em verdade, não se sabe o que se está medindo, mas certamente o trabalho não é. Assim, a avaliação serve sobretudo de meio de intimidação e de dominação. Mas sua vocação primordial é o banimento da subjetividade dos debates sobre economia e trabalho.

O segundo princípio das novas formas de organização do trabalho de gestão e de direção das empresas é a *individualização* e o recurso à concorrência generalizada entre as pessoas, entre as equipes, entre os serviços. Os contratos por metas, a avaliação individualizada dos desempenhos, a concorrência generalizada entre agentes e a precarização das modalidades de emprego levam ao desenvolvimento de condutas desleais entre pares e à ruína das realizações solidárias. O resultado de tais práticas gestionárias significa o isolamento de cada indivíduo, a solidão e a desagregação do viver junto, pior ainda, a desolação no sentido dado por Hannah Arendt a esse termo em *As origens do totalitarismo*, ou seja, puxar o tapete justamente representado por essa possibilidade de os sujeitos se reconhecerem naquilo que têm em comum, no que compartilham e que está no próprio fundamento da confiança dos homens uns nos outros.

As consequências desses princípios organizacionais do trabalho são, por um lado, o aumento extraordinário da produtividade e da riqueza, mas por outro, incluímos a erosão do lugar atribuído à subjetividade e à vida no trabalho. O resultado é um agravamento das patologias mentais do trabalho em todo o mundo ocidental, o aparecimento de novas patologias, os suicídios perpetrados no próprio local de trabalho, o que não ocorria, em hipótese alguma, antes do domínio neoliberal, bem como o desenvolvimento da violência no trabalho, o agravamento das patologias de sobrecarga, a explosão das patologias do assédio.

Mas é necessário frisar, uma vez ainda, que nenhuma organização, nenhuma empresa, nenhum sistema funciona por si, automaticamente, pelo gênio de uma lógica interna qualquer. Todo sistema necessita, para funcionar, não apenas da obediência dos homens e das mulheres, mas também de seu zelo, de sua dedicação, em outros termos, de sua inteligência. A evolução contemporânea da organização do trabalho não é uma fatalidade. Ela é do âmbito da vontade – e do zelo – dos homens e das mulheres que o fazem funcionar. Se o trabalho pode gerar o pior, como hoje, no mundo humano, ele pode também gerar o melhor. Isso depende de nós e de nossa capacidade de pensar, graças a uma renovação conceitual, as relações entre subjetividade, trabalho e ação.

Notas do tradutor

a "Qualificações tácitas", baseadas mais na habilidade pessoal do que no conhecimento transmitido.

b Neologismo formado pela fusão de "corpo" e "apropriação", "corpspopriation" no original. Cf. nota *f* do primeiro capítulo do tomo I, p. 54.

c *Grève du zèle* (greve do zelo) no original. Cf. nota *a* do primeiro capítulo do tomo I, p. 56.

2. A psicologia das massas sob a perspectiva da clínica do trabalho

Freud publicou *Psicologia das massas e análise do Eu* em 1921. Seu objetivo é, primeiramente, a análise dos diferentes processos de *adesão de um sujeito* a uma massa – razão de figurar no próprio título a menção "... e análise do Eu". Depois, propõe a análise do *efeito de retorno dessa integração* de uma massa sobre o funcionamento do "aparelho da alma" individual. Por fim, há um terceiro objetivo: produzir uma teoria da massa ou, de maneira mais limitada, uma teoria dos processos em causa na *formação de uma massa* a partir dos indivíduos.

Com *O futuro de uma ilusão* (1927) e *O mal-estar na cultura* (1930), com *Considerações atuais sobre a guerra e a morte* (1915) e *Por que a guerra?* (1932), o texto "Psicologia das massas e análise do Eu" faz parte de um conjunto de escritos referenciados sempre que, em psicanálise, se reabre o dossiê dos progressos e das regressões da condição moral e cultural da humanidade.

Sobressai nesse conjunto que Freud era bastante reservado quanto à possibilidade de um progresso moral e político da humanidade. Pois, se a *sexualidade* é, como vimos, o meio pelo qual o ser humano pode emancipar-se das determinações biológicas que são exercidas em seu corpo, ela também é o que limita as possibilidades de esconjurar a violência e a guerra entre os humanos e, talvez seja o que traz de volta o ser humano, de maneira inelutável, à embriaguez de participar da repetição do que há de pior.

Mesmo se a cultura seja suscetível de um progresso e que, em seu seio, esteja sedimentado o que há de melhor no gênio humano, não é certo que o progresso cultural – o progresso do conhecimento, da ciência, das técnicas e das artes – traga consigo um progresso moral e político da humanidade, ou possa testemunhar tal progresso.

Se devemos nos consagrar à leitura desse texto de Freud é pelo fato de que seu diagnóstico pessimista não estar assentado só na teoria do sujeito humano, mas na concepção que tem da sociedade. Não se pode considerar Freud apenas como teórico do aparelho da alma individual. Malgrado as críticas formuladas pelos sociólogos e etnólogos sobre os textos ditos "sociológicos" de Freud, acusados de impregnação excessiva de psicologismo, deve-se reconhecer que Freud apresenta de fato uma teoria das relações entre os seres humanos e, para retomar uma expressão que já encontramos a propósito da filosofia de Maine de Biran, uma teoria dos "princípios" que permitem aos seres humanos o viver junto. Esta teoria sobre o que está no princípio da vida em sociedade deve ser examinada em seus fundamentos, pois ela se mostra coerente com a teoria freudiana do sujeito. Coerente, não apenas congruente epistemologicamente, mas também suscetível de ser ainda "necessária" à coerência da metapsicologia como um todo. Necessária, ao se lhe atribuir, junto com a teoria da centralidade da *sexualidade*, a gênese dos comportamentos humanos. Coerente e necessária, isso significa que uma teoria social, para ser admissível, depois da descoberta da sexualidade infantil e de suas consequências para o resto da vida de todo ser humano, deveria coerentemente propiciar a elucidação daquilo que implica para a sociedade o fato de que o ser humano, antes de ser adulto, *foi anteriormente uma criança*. Ninguém duvida de que a sociedade e as instituições, assim como as línguas e as culturas, sejam produções do ser humano. Cumpre assim, a cada teoria social, oferecer do ser humano individual uma teoria que é explicitada diferentemente, em consonância com os pressupostos de cada autor. Ao inverso, toda teoria do sujeito deveria poder elucidar suas consequências para a teoria da sociedade.

Considerar, assim como o faço aqui, o primado do *corpo erógeno* para a ideação, a inteligência e o trabalho é introduzir a sexualidade no princípio mesmo de todas as produções humanas, por conseguinte da cultura, mas também das instituições e da sociedade. Quais são as incidências da sexualidade e de suas vicissitudes sobre a formação e a evolução das sociedades, esse é um tema sobre o qual não pode se furtar à análise, a teoria psicanalítica.

Freud tem uma teoria dos princípios societários, cuja formulação está contida em *Psicologia das massas e análise do Eu*. Examinaremos seu conteúdo de um ponto de vista particular: essa teoria de Freud seria compatível com uma concepção da condição humana que faz referência não apenas ao primado do *corpo* na ordem individual, mas à centralidade do *trabalho* na ordem sociológica e política?

Esforcei-me, no primeiro tomo deste livro, para mostrar que na esfera da teoria do *sujeito* a centralidade do trabalho é compatível com a centralidade da sexualidade, sob a reserva de admitir o lugar que cabe à formação do corpo subjetivo como condição *sine qua non* tanto da sexualidade como do pensamento; e de considerar, com todo o rigor de suas implicações antropológicas, a definição da pulsão como "exigência de trabalho".

Contudo, é de se observar que na teoria dos princípios do social, Freud, como veremos, segue uma via que, a partir da pulsão, retém sobretudo desta última o que é relativo ao infantil e ao amor, mas não o que remete à exigência de trabalho imposta ao psiquismo. Esta orientação epistêmica de Freud se mostraria compatível com uma teoria social que atribuiria, como estamos empenhados em propor aqui, um lugar crucial à dimensão do *Arbeit* no âmbito da subjetividade e do trabalho-*poiesis* no domínio das relações sociais?

O texto de Freud

Ao retomar o livro de Gustave Le Bon, Freud examina o que esse autor considera sob o título de *Psicologia das multidões*.[1] O trabalho tem por objeto

> *a influência exercida simultaneamente sobre o indivíduo por um grande número de pessoas com as quais mantém algum tipo de ligação, outras, no entanto, que lhe são completamente estranhas. A psicologia das massas trata assim do homem tomado isoladamente enquanto membro de uma tribo, de um povo, de uma classe, de um Estado, de uma instituição ou como parte constitutiva de uma aglomeração humana que se organiza como massa em um dado momento para um fim determinado (p. 6).*[2]

E o que mobiliza desde pronto Freud é a hipótese de uma "pulsão social", hipótese que abandonará em seguida: "a 'pulsão social' não é primordial, não é indivisível, e sua origem pode ser

1 Gustave Le Bon. *Psychologie des foules*. Paris: Presses Universitaires de France, 2002.

2 As indicações de página entre parênteses remetem à edição de *Psychologie des masses et analyses du moi*. In: Sigmund Freud. Œuvres complètes, tomo XVI. Paris: Presses Universitaires de France, 1991 [1921].[a]

encontrada em um círculo mais estreito que a massa, por exemplo na família" (p. 6).[b] Ele anuncia assim o objetivo principal desse livro: o que estabelece ligações entre os seres para que formem uma massa, se não a pulsão social? Antes de explicitar sua análise das características da ligação, ele adianta três questões:

- O que é uma massa?
- Mediante o que a massa adquire a capacidade de influenciar a vida da alma?
- Em que consiste a modificação anímica imposta pela massa ao indivíduo?

Freud parte de questões sobre a massa como entidade para isolar-lhe suas principais propriedades. A resposta a essas questões depende, com certeza, daquela conferida à primeira delas: o que é uma massa? Em realidade, Freud responderá apenas muito adiante em seu texto:

> *É provável que foram reunidas sob o termo de "massa" formações muito diversas que ensejam uma distinção. As asserções de Sighele, Le Bon e outros se reportam às massas de um gênero efêmero (p. 21),*[c]

conjunto este que Freud designará alhures sob o nome de "massa natural". Mas há outras espécies de massas, "massas ou associações estáveis nas quais os homens passam toda a vida e que tomam corpo nas instituições da sociedade" (p. 22).[d]

Freud toma assim o partido de estender o campo de sua própria psicologia social aos limites das *instituições*. Seu campo de pesquisa cobre aquele tradicionalmente explorado pela sociologia. Ao conservar o termo de massa, ele fala neste caso de "massas organizadas" (em contraposição às "massas não organizadas ou naturais").

Os primeiros capítulos são consagrados ao estudo das propriedades da "massa não organizada". O modelo fenomenológico dessa última é emprestado de Le Bon. A multidão psicológica é um ser provisório. No indivíduo integrado à massa, a vida do espírito se esvai em benefício de uma "alma coletiva". Aparecem novas propriedades do funcionamento individual que resultariam da formação de um sentimento de potência invencível: desaparece o sentimento da responsabilidade (que Freud atribui à suspensão dos recalques, deixando manifestar-se tudo o que há de ruim na alma humana e que está contido no inconsciente); fenômeno de contágio mental (indo até ao sacrifício do interesse pessoal em prol do interesse do conjunto) que poderia vincular-se ao fenômeno da ordem hipnótica; sugestionabilidade e perda de consciência de seus atos, descida de vários degraus na escala da civilização (retorno ao instinto, à barbárie, espontaneidade, violência, ferocidade, entusiasmos e heroísmos dos seres primitivos); recurso ao pensamento por imagens; simplismo e exageros dos sentimentos alcançando extremos.

Dessa lista, reteremos para a discussão sobre a emancipação, segundo Le Bon e Freud, que a formação de uma massa não organizada leva a um desgaste ou a uma regressão do pensamento racional – ou conceitual – para um *pensamento por imagens* (p. 14) e para o *emprego mágico das palavras* (p.17).[e]

Em contrapartida, na massa *organizada*, os indivíduos preservam suas qualidades primeiras (intelectuais e morais) e, segundo McDougall citado por Freud, há lugar para "tradições, costumes e disposições, em particular os que dizem respeito à relação dos membros uns com os outros" (p. 25).[f] E Freud, após estabelecer a hipótese segundo a qual nas massas (organizadas ou não) são "relações de amor (ou ligações de sentimentos) que constituem [...] a essência da alma da massa", aborda o estudo da natureza da ligação nas "massas altamente organizadas, duradouras, artificiais: a Igreja e as forças armadas". Mesmo que ele proponha o recurso ao conceito de Eros para substituir a noção de organização de McDougall, isso não erradica as hesitações: as massas altamente organizadas – artificiais – estariam protegidas, explica, da dissociação por constrangimentos *externos* (perseguições ou punições em caso de tentativa de debandar da massa). Em outro trecho ele diz e repete que o que impede às ligações de associação de se romperem é a *ligação libidinal normal* que asseguraria a coesão da massa.

A sequência do texto abandona a contribuição das punições e das represálias para a manutenção da unidade da massa, a fim de centrar a análise na ligação libidinal, como cimento dessa unidade.

Diferentes formas de ligações libidinais são então propostas:

- As ligações dessexualizadas ou inibidas quanto ao objetivo, que são da alçada do amor.
- A identificação (que é para Freud a oportunidade de introduzir uma discussão sobre o ideal do Eu, a consciência moral e o narcisismo originário).
- O estado amoroso com, em seu centro, uma idealização do objeto do amor, idealização que seria aqui deslocada para o líder (nas massas não organizadas, particularmente) e que explicaria, *via* fascinação, o surgimento de uma sugestionabilidade comparável àquela que se observa na hipnose.
- A ativação de um resto filogenético do homem primordial que explica sua predisposição para viver em hordas.

Quando, por fim, com base nessas análises sobre as relações entre a massa e o Eu e sobre a natureza da ligação produtora desses fenômenos das massas, Freud propõe um desenvolvimento teórico sobre a formação do Eu, ele considera as diferentes formas de assimilação e de emancipação do Eu em relação à massa.

> *Cada indivíduo – diz ele – [...] participa da alma de diferentes massas, aquelas de sua raça, da classe, da comunidade de credo, de pertencimento a um Estado etc., e pode ademais elevar-se até uma parcela de autonomia e de originalidade [a emancipação?].*[g]

Isso significa dizer que, para Freud, se as pulsões sexuais inibidas quanto à meta é o que permite a perenidade de uma relação amorosa tanto como a estabilidade das ligações no interior de uma massa, ele também tem a ideia, menos explícita, de que as ligações assim constituídas são tão fortes que é bem difícil um indivíduo livrar-se delas. Ao final do texto, Freud reafirma que a formação de massas repousa nas pulsões sexuais inibidas quanto à meta, diferentemente das pulsões sexuais (não inibidas) que seriam, essas, antiagregadoras, e mesmo antissociais. Retoma-se assim aqui o dualismo ligação - desagregação transposto no dualismo Eros - "Sexual", que não apenas está no coração da sexualidade, mas que teria desempenho similar tanto na esfera do indivíduo como no domínio da massa, tanto em nível de massa natural como no da artificial.

Nesse texto pois, Freud propõe uma teoria dos princípios dos reagrupamentos humanos. E, no curso da demonstração de sua tese, ele é levado a proceder a alguns desenvolvimentos sobre a metapsicologia individual: o Eu, o ideal do Eu, a identificação, a idealização, o estado amoroso, são objeto de análise cuja validade não depende diretamente da tese sociológica.

Comentários sobre os dois tipos de massas

Voltemos à "tese sociológica". Do ponto de vista que mais nos interessa, esse texto é importante porque Freud propõe por seu intermédio uma discussão sobre dois tipos de massas ou de reagrupamentos humanos que ele distingue com clareza. Ao sair das massas no sentido que lhes foi atribuído por Le Bon – as massas naturais, primárias ou não organizadas –, ele é levado a realizar uma diferenciação essencial entre as massas artificiais ou organizadas que são, por exemplo, a Igreja e as forças armadas, e que indicam, ademais, um movimento em direção às formas sociais muito organizadas que são as instituições e o Estado. Nesses dois tipos de massas, ele aponta uma diferença fenomenológica essencial: as massas naturais são instáveis e de curta duração; as massas artificiais podem, ao contrário, ter uma longa duração.

Mas se Freud estabelece claramente a distinção entre duas entidades bem diferentes, ele trata da ligação entre os humanos nos dois casos, como se fossem de mesma natureza. A partir do momento em que Freud desenvolve sua teoria da ligação, que os pós-freudianos retomam de maneira incansável sob o termo genérico de "ligação social", tudo ocorre como se ele não estivesse interessado na distinção que antes estabelecera entre os dos tipos de "aglomerações humanas". Freud certamente está aqui animado pela ambição de produzir uma *teoria dos princípios* do reagrupamento humano, ou seja, uma teoria universal que se poderia encontrar no processo de formação de todas as modalidades de massas ou de associações humanas. Ele formula a questão das relações entre os dois tipos de massas de maneira ateórica, recorrendo a uma metáfora: entre massas com características efêmeras, segundo os dados de Sighele, Le Bon e outros (p. 21), e massas ou associações estáveis (p. 22), a articulação é anunciada da seguinte maneira: "As massas do primeiro gênero são de alguma maneira sobrepostas a essas últimas como as ondas curtas, porém altas, o são, sobre os longos vagalhões" (p. 22).[h]

Ora, o problema que nos preocupa aqui é precisamente o das relações entre esses dois tipos de massas ou de associações que não funcionam da mesma maneira, tanto em nível das massas elas mesmas como em nível da psicologia individual de cada um de seus membros. A demarcação é nítida desde o momento em que Freud entra no passo marcado por Le Bon. O que está descrito sobre a massa natural ou não organizada é, em suma, um quadro bastante tenebroso do que pode ser reconhecido como figuras cardeais da barbárie, ou seja, como formas constituintes em oposição à cultura, sobre uma base explícita que não é nada além do fracasso do pensamento, a abolição do que Freud designa alhures como *Kulturarbeit* (trabalho de cultura). Quando os indivíduos se integram em uma massa natural, as mudanças de seu funcionamento psíquico são traduzidas pelas características que seguem:

- supressão da vida do espírito;
- sentimento de potência invencível;
- desaparecimento do sentimento de responsabilidade;
- manifestação de tudo o que de ruim abriga a alma humana;
- contágio mental;
- sugestionabilidade;
- queda de muitos níveis na escala da civilização;
- volta ao instinto, à barbárie, à espontaneidade, à violência, à ferocidade, aos entusiasmos e aos heroísmos dos seres primitivos;
- recurso ao pensamento por imagens;
- queda do rendimento intelectual;
- simplificação e exagero dos sentimento, atingindo extremos;
- colocação em estado de latência das características habituais do pensamento e da personalidade e funcionamento como autômato, uma vez que sua vontade tornou-se impotente para o comando.

Apesar dessa lista, Freud menciona, seguindo os passos de Le Bon:

> *[...] as massas são igualmente capazes, sob influência da sugestão, de elevadas demonstrações de renúncia, desinteresse, devotamento a um ideal. Enquanto para o indivíduo isolado a vantagem pessoal talvez seja o único móvel, para as massas predomina muito raramente. Pode-se falar de uma moralização do indivíduo pela massa. Enquanto o rendimento intelectual da massa situa-se sempre muito abaixo daquele do indivíduo, seu comportamento ético pode tanto situar-se bem acima como descer muito abaixo desse (pp. 16-17).*[i]

Algumas páginas antes, Freud, citando Le Bon, escreveu:

> *As propriedades aparentemente novas [do indivíduo] são justamente as manifestações desse inconsciente, no qual está contido, em predisposição, tudo de ruim da alma humana. [E prossegue:] a supressão da consciência moral ou do sentimento de responsabilidade não oferece qualquer dificuldade à nossa compreensão (p. 10).*[j]

Não apenas Freud deixa de comentar essa contradição, como, acerca da moralização do indivíduo pela massa, ela não será mais questão no texto, assim como do alto desempenho sob influência da sugestão. Contudo, ele precisa na sequência: "Já há muito afirmamos que o núcleo do que se denomina consciência moral é 'angústia social'". Esse ponto será retomado e confirmado posteriormente em *O mal-estar na cultura*. Eis, portanto, que a sociedade é a um só tempo responsável pela "angústia social", que é o núcleo da consciência moral, e responsável por seu "desaparecimento". Quais são então as condições que agem sobre a sociedade em um sentido como no outro? Esta questão, Freud não a trata e sequer a menciona. Qualquer que seja o tratamento reservado ao poder moralizador da massa, parece – tal como o admitem os principais exegetas do texto – que Freud não dá grande crédito moral às obras humanas, sequer às maiores entre essas. E segundo a opinião de autores como Laurence Kahn, é razoável seguir o caminho proposto por Freud nessa afirmação.[3]

Comentários sobre a emancipação

Assim seja! Mas, assim mesmo! Que o progresso do gênero humano seja mera ilusão, há argumentos suficientes em favor dessa tese para que se a recuse. Mas se teria sido uma ilusão, a ilusão de emancipação sem dúvida é antes uma preocupação permanente entre os pensadores. Emancipação e progresso não são sinônimos. A ideia de emancipação remete essencialmente à consciência individual, e assim cabe à psicanálise elucidar-lhe os propulsores subjetivos; bem como à psicologia social, ou melhor, à sociologia, precisar-lhe as condições capazes de autorizar ou arruinar o esforço de emancipação individual.

A emancipação, com base em tal perspectiva, conota um esforço pessoal e repousa antes sobre o poder de pensar, sem prejulgar o poder do indivíduo em atribuir o comportamento ou a ação sobre o pensamento, em razão justamente dessa outra limitação, bem diferente do obstáculo sociopolítico que constitui a resistência do inconsciente.

A *emancipação* concebida como esforço pessoal pode requerer uma passagem pela junção de muitos esforços individuais, o que nós trataremos adiante sob o termo de *cooperação*. Que a articulação comum dos esforços de emancipação não seja vã, é o

3 Laurence Kahn. *Faire parler le destin*. Paris: Klincksieck, 2005.

que sugere o conceito platônico de comunidade de iguais, retomada por Montaigne e La Boétie, e mesmo por Hannah Arendt. Mas é necessário admitir que, ainda sob a forma de cooperação – sobre a qual também falaremos adiante –, a convergência dos esforços de emancipação se choca no registro axiológico com limites – que detalharemos na sequência – em que se condensam as razões de duvidar de um progresso da humanidade. Nada impede! Os esforços de emancipação merecem nossa atenção porque expressam com frequência uma exigência bastante forte para ser capaz de organizar as formas de vida e de fruição de si que rompem com o risco de alienação pela massa.

Para voltar ao tema dos diferentes tipos de massas, eu diria que a metamorfose freudiana das marolas e dos vagalhões para o ajuntamento de massas não organizadas e de massas organizadas pode bem eximir um dos problemas maiores da filosofia política e da teoria social, quando não o seu problema central: o da oposição entre barbárie e civilização. O que está no princípio da "organização" de uma massa artificial constitui o objeto mesmo da sociologia ou, mais exatamente, da teoria social.

Freud não discute com a sociologia. Nem nesse texto essencial ou em *O mal-estar na cultura*. Além de Le Bon, ele cita em *Psicologia das massas e análise do Eu* alguns sociólogos: Sighele, McDougall, Trotter, Tarde, Brugeilles, Kaskovic. Nenhuma palavra sobre Dilthey, Durkheim, Simmel, Weber, Dewey, Mauss, contemporâneos seus, ou aos anteriores, Montesquieu, Comte, Marx, Tocqueville, Saint Simon ou Spencer.

Da obra desses autores sobressai que, a essênciadas sociedades – o que assegura a associação entre os humanos para compor uma "massa organizada" – são os acordos, as normas, as regras e os valores. Toda a sociologia assenta-se em uma teoria da ética. Mesmo que, tal como insiste Paul Ladrière, se opere uma distinção entre "concepção imperativa da moral [que] prioriza o justo sobre o bem e a concepção atrativa [que] prioriza o bem sobre o justo", e caso se admita que "na primeira, o problema é o da exatidão da norma, na segunda, o problema é o do que seria a vida boa, o objetivo de uma vida realizada".[4] A segunda das duas concepções – ditas concepções atrativas – não poderia ser conduzida ao princípio dos reagrupamentos humanos que Freud propõe: libido, amor ou Eros. Essas noções freudianas (libido e Eros) não podem ser consideradas como propulsores psicológicos de toda função social, ou seja, como o "princípio dos princípios". Observaremos adiante que a clínica do trabalho pleiteia principalmente a disjunção entre os impulsionadores psíquicos e os impulsionadores éticos do viver junto.

Assim, Freud dispensa a teoria social e confere apenas uma atenção casual ao trabalho. Escreve:

> *A experiência mostrou que, em casos de trabalho conjunto, são instauradas comumente ligações libidinais entre os camaradas, que prolongam e fixam a relação entre eles para além do que é meramente vantajoso [...]. A libido apoia-se na satisfação das grande necessidades vitais e escolhe como seus primeiros objetos as pessoas que nela participam. No indivíduo, assim como na evolução da humanidade como um todo, é apenas o amor que atua como fator de cultura, no sentido de uma reviravolta do egoísmo em altruísmo (p. 41).*[k]

Mesmo que de modo marginal, esse excerto mostra bem a direção que toma o pensamento de Freud sobre a natureza das ligações que são tecidas entre os humanos, por ocasião do trabalho. Será

4 Paul Ladrière, verbete "Sociologie". In: Monique Canto Sperber (org.). *Dictionnaire d'éthique et de philosophie morale*. Paris: Presses Universitaires de France , 2004, tomo 2, p. 1.813.

necessário confrontar essa indicação freudiana com a clínica do trabalho *stricto sensu*, pois ela atesta um postulado que para nós ocupa um lugar essencial: a cooperação.

A decomposição da "ligação social"

Se concedermos à teoria social dos sociólogos mais crédito do que o fez Freud, somos levados a retomar a questão – mesmo que, de maneira inversa à empreendida por Freud – sobre o que *desagrega* as ligações que associam uma massa organizada ou artificial para dar à luz uma "massa não organizada" ou "natural".

Enquanto Freud procura estabelecer uma teoria do que proporciona a ligação, de nossa parte procuramos compreender o que *dissolve essas ligações* entre os componentes de uma massa "organizada", ou seja, em uma massa que, para apresentar certa estabilidade pressupõe – da parte dos indivíduos que a ela se associam – um sentido moral que não se resume à "angústia social" (dito de outra maneira, o temor de represálias, de "perseguições ou de punições severas") contra o indivíduo que tentaria afastar-se da massa, mas passa pela mobilização de competências morais específicas, as mesmas evocadas as mesmas que Freud evoca sem explicitá-las.

> *A alma da massa (não organizada) também é capaz de criações geniais do espírito, como inicialmente a própria língua demonstra, e ainda o canto popular, o folclore, entre outros (p. 21).*[1]

Ora, essas produções citadas por Freud nada possuem de natural, e não se poderia imputar seus méritos à alma da massa não organizada. Elas procedem de fato de uma atividade normativa extremamente complexa. Basta apenas o exame da evolução de uma língua, e se observará o quanto ela encerra de lutas para a dominação simbólica, de compromissos, de arbitragens e de acordos normativos sem a estabilização das quais nenhuma intercompreensão seria possível ante um processo de babelismo generalizado.

Para se ter a exata noção da formação de uma massa não organizada (a partir de uma massa organizada), talvez seja necessário procurar inicialmente do lado das *forças suscetíveis de desestruturação das ligações de civilidade* que associavam, até então, os indivíduos em uma massa artificial, apoiando-nos em uma teoria do sujeito, do trabalho e das ligações que os humanos estabelecem por ocasião do trabalho.

O trabalho ordinário é a oportunidade de formação, entre os membros de um coletivo, dos elos que não são apenas de regulação quanto à eficiência do trabalho, mas governam também a estruturação do viver junto e da comunicação orientada rumo ao entendimento.

Contudo, mesmo em uma conjuntura favorável à cooperação e ao agir racional em relação às normas e aos valores, nem sempre é possível evitar que se desenvolvam, simultaneamente, processos coletivos muito mais ambíguos no plano axiológico. É o caso específico da situação em que o trabalho implica riscos para a integridade física: riscos de acidente, por exemplo, ou riscos de intoxicação profissional. Pois essa dimensão do trabalho – o risco – introduz na situação de trabalho uma dimensão específica: o *medo*.

O medo gera formas de cooperação que qualificamos como de "cooperação defensiva" ou ainda de "estratégias coletivas de defesa", em alguns casos definidas como "ideologia defensiva". O medo no trabalho catalisa a formação de tipos de coletivo que não são os mesmos que aqueles fundados sobre a referência a uma obra comum.

É importante retrocedermos brevemente à clínica das estratégias de defesa para mostrar que nem toda atividade normativa capaz de produzir acordos e ligações entre os membros de um coletivo, mesmo para o trabalho, vem desembocar sempre em resultados neutros sob uma perspectiva ética.

O caso das situações de risco no trabalho

O trabalho às vezes implica enfrentar constrangimentos deletérios para a saúde física e mental. O marceneiro expõe-se às inalações de pó de serragem, correndo riscos de pneumopatias, ao barulho das máquinas que levam à surdez; o piloto de caça corre o risco de acidentes; o comediante, de humilhação pelo público; o veterinário pode ser constrangido a matar;[5] a enfermeira, a contrair uma doença letal;[6] o delegado sindical, aos efeitos deletérios do sofrimento dos trabalhadores;[7] a acompanhante de pessoas portadoras de necessidades especiais, a uma organização do trabalho pouco edificante;[8] o psicólogo, a constrangimentos antideontológicos;[9] o policial, a espetáculos de horror;[10] as prostitutas, à

---

5 Lise Gaignard & Alain Charon. "Gestion de crise et traumatisme: Les effets collatéraux de la `vache folle'. De l'angoisse singulière à l'embarras collectif ". In: *Travailler*, n. 14, 2005.

6 Marie-Claire Carpentier-Roy. *Corps et âme (psychopathologie du travail infirmier).* Montreal: Liber, 1991.

7 Marie-Claire Carpentier-Roy, Micheline Saint-Jean, Louise Saint-Arnaud & Marc-André Gilbert. "Le travail du conseiller syndical: Ne pas mourir mais mourir presque". In: Marie-Claire Carpentier-Roy & Michel Vezina. *Le travail et ses malentendus.* Toulouse: Octarès, 2000.

8 Marie Grenier-Pezé. "Chroniques de la violence ordinaire. Organisation psychique individuelle, organisation du travail, organisation du système de soins". In: *Travailler*, n. 4, 2000; Isabelle Gernet & Florence Chekroun. "Travail et genèse de la violence: À propos des soins aux personnes âgées". In: *Travailler*, n. 20, 2008.

9 Nicole Roelens. "Intoxication productiviste et déshumanisation des rapports humains. Une psychologue du travail analyse les causes de son épuisement professionnel". In: *Travailler*, n. 4, 2000.

10 Jean-Michel Chaumont. "Vulnérabilité". In: Christophe Dejours (org.). *Conjurer la violence. Travail, violence et santé.* Paris: Payot, 2007.

violência de seus clientes;[11] pessoas que trabalham em restaurantes, ao racismo;12 os pecuaristas e demais criadores, às condições infames infligidas aos animais criados para o abate...[13]

Prudência e prevenção pressupõem habilidade e engenhosidade. Para tanto, os riscos não são, em geral, administrados em sua integralidade. Alguns nem mesmo podem sê-lo, pois a situação de trabalho implica, *de facto*, a inalação de vapores tóxicos, por exemplo, ou a vibrações deletérias. Esses agentes nocivos irredutíveis e inerentes à tarefa, além dos efeitos diretos produzidos sobre o corpo, apresentam incidências indiretas sobre o funcionamento psíquico. O medo do acidente, da mutilação ou da doença profissional, o receio de não estar à altura do exercício da tarefa ou das responsabilidades, a exasperação diante do absurdo de tarefas repetitivas suscitam conflitos intrapsíquicos que demandam, por sua vez, a construção e implementação de estratégias de defesa. Podemos mostrar que essas estratégias estão muito finamente ajustadas às modalidades específicas do impacto psíquico que determina cada um dos agentes nocivos em causa. A investigação clínica dessas estratégias de defesa implementadas caso a caso para conter o sofrimento psíquico no trabalho leva a uma discussão metapsicológica embaraçosa em muitos aspectos, uma vez que sugere:

- tendencialmente, essas defesas prejudicam os poderes do pensamento;
- essas defesas desempenham um papel importante como propulsores subjetivos da servidão e da dominação;

11 Jean-Michel Chaumont. "Stratégie de défense et prostitution: Un enjeu personnel et politique". In: *Travailler*, n. 10, 2003.

12 Valérie Ganem. "Un processus d'assignation psychologique peut en cacher un autre. À propos de la couleur de peau en Guadeloupe". In: *Travailler*, n. 16, 2006.

13 Jocelyne Porcher, *Éleveurs et animaux, réinventer le lien*. Paris: Presses Universitaires de France - *Le Monde*, 2002 ; Jocelyne Porcher. *La mort n'est pas notre métier*. La Tour d'Aigues, L'Aube, 2003.

- essas defesas podem contribuir de maneira significativa à formação da violência coletiva e até da violência de massa.

Na medida em que trabalhar, não é apenas produzir, mas também de proteger-se contra os riscos do trabalho, as estratégias de defesa que se deve construir podem avariar em profundidade a mobilização da inteligência individual e mesmo entrar em concorrência com a inteligência coletiva. Para maior clareza, traremos uma lembrança sumária dos principais dados clínicos relativos às estratégias de defesa contra o sofrimento no trabalho.

Estratégias individuais de defesa

Diante do trabalho repetitivo sob o constrangimento de tempo, como em uma linha de montagem, os trabalhadores desenvolvem com frequência estratégias de defesa destinadas a lutar contra o tédio, em primeiro lugar, contra a angústia de se sentir transformado em um verdadeiro robô (ou seja, de sentir sua capacidade de pensar não apenas congelada, mas progressivamente deteriorada), contra o medo de não conseguir aguentar a cadência da linha. A injunção de não pensar, de comportar-se como executor disciplinado não é fácil de ser respeitada. Os estudos clínicos mostram que o pensamento espontâneo pode, por si mesmo, ser fonte de sofrimento suplementar. Pensar nessas circunstância não é pensar o trabalho, pois os espaços abertos à engenhosidade e à habilidade são demasiado restritos. Esses espaços são de antemão investidos pela preocupação de procurar os caminhos e os modos operatórios que permitem a economia de esforços, de uma parte, de evitar o cansaço e as dores, de outra. E de imediato não haverá nada mais a ganhar, pois os espaços abertos para os remanejamentos se fazem rapidamente esgotados. Pensar consiste então em voltar ou refletir sobre a sua própria condição. O que o leva a dolorosamente ter consciência de sua condição de "*animal laborans*" (para aqui retomar a expressão de Hannah Arendt em *A condição humana*). Pensar a ameaça de ser despossuído de si pelo trabalho repetitivo é uma fonte suplementar de sofrimento. Com ou sem a injunção organizacional de não pensar, aquele ou aquela que se esforça em assumir a situação de trabalho, no longo prazo é tomado pelo desejo de não mais pensar... sente a necessidade de pôr um basta no sofrimento e na angústia que implica a consciência clara da situação vivenciada.

Mas não mais pensar não é coisa fácil. Para espantar um pensamento, deve-se eventualmente procurar desviá-lo para um objeto substitutivo mobilizador de investimento afetivo. Na situação aqui em perspectiva, essa estratégia é oblíqua, e mesmo impossível. Apenas os mais dotados entre os operários ou empregados, quando ainda jovens, alcançam o objetivo: evadem-se pelo devaneio. Os outros não conseguem porque a atividade repetitiva sob constrangimento de tempo bloqueia de fato o livre curso do pensamento que busca se livrar da situação. Gostaria de deixar se levar pela imaginação, mas é inexoravelmente retido pela tarefa.

Outra estratégia pode, como último recurso, ser experimentada. Ela consiste em se apoiar na atividade repetitiva prescrita e acelerá-la ao máximo que consegue desempenhar. É então necessário concentrar toda a sua atenção tão só na cadência. Esta estratégia é tipicamente a de uma autoaceleração. Mantida durante um tempo suficientemente elevado, o pensamento simplifica-se e aos poucos se embota. Após um determinado tempo de ativismo exacerbado, é possível reduzir a cadência, a embotadura do pensamento persiste. É uma espécie de hipoestesia ou mesmo de anestesia plena obtida pelo viés de uma hiperatividade sensório-motora.

Muitos operários e operárias encontram, cada qual por conta própria, a via da autoaceleração como estratégia de defesa que leva à mais completa paralisação do pensamento e com isso permite sofrer menos com essa sua condição de *animal laborans*.

Essa estratégia de defesa pela autoaceleração que acalma a angústia mas esgota as forças, traz consequências importantes para a economia psíquica como um todo. Em razão do esforço físico que demanda, ela se torna preciosa. Fora do trabalho é melhor evitar muita distância em relação ao que implica a carapaça psíquica, tão duramente adquirida. Pois, ao experimentar demasiadamente o prazer de pensar livremente e de se reencontrar a si mesmo, seria necessário, ao retornar à linha de montagem, recomeçar o ciclo infernal da autoaceleração necessário para atingir o embrutecimento adaptativo. O melhor continua sendo manter a defesa fora do trabalho e não mais soltar as rédeas da imaginação. O lazer, caso exista, será destinado a atividades extenuantes, de maneira a deixar lugar, em caso de calmaria, somente à vontade de dormir.

Pudemos mostrar em outra publicação que a sobrecarga de trabalho imposta a alguns executivos, em particular no setor de comércio, conduzia ao mesmo resultado psíquico que nos operários: o embotamento do pensamento e da afetividade pode ser obtida pelo ativismo, mesmo em tarefas essencialmente cognitivas ou relacionais.

Esse funcionamento psíquico, no qual o poder de ideação está mais ou menos gravemente ancilosado pela estratégia de defesa, tem igualmente consequência sobre os relacionamentos no espaço privado. A falta de flexibilidade psíquica e afetiva, a intolerância, e a inaptidão para a fantasia podem pesar na economia das relações amorosas e eróticas com incidências sérias sobre o desenvolvimento psicoafetivo das crianças (em razão da pobreza da comunicação que é o contrário do que elas esperam estabelecer com o adulto, que, de seu lado, se esforça em não se deixar levar pela criança ao afastamento de seus comportamentos defensivos).

É possível retomar metapsicologicamente os elementos constitutivos dessa clínica e mostrar que a estratégia de defesa pela autoaceleração funciona como uma "repressão" (*Unterdrückung*) que convém distinguir do recalque (*Verdrängung*). Pois se a repressão pulsional passa pela paralisia do pensamento, o recalque, ao contrário, é a contrapartida de uma atividade do pensamento particularmente intensa.[14]

Sem dúvida é importante, para avaliar as consequências políticas da sobrecarga de trabalho e do que Hannah Arendt descreve sob a denominação de atarefamento, e assim, observar que a condição de *animal laborans* não diz respeito apenas aos trabalhadores submetidos ao trabalho repetitivo sob o constrangimento do tempo, mas atinge, progressivamente, numerosos outros trabalhadores, mesmo em atividade nos setores de serviço e gestão; podendo incidir no seu entorno social imediato, em especial nas crianças. Esta é a razão da tendência geral à intensificação do trabalho sobre a qual Hannah Arendt centra a análise da condição do homem moderno, para quem, em razão do atarefamento, do frenesi e do ativismo no trabalho, os propulsores mesmos do pensamento político e da ação poderiam sofrer um processo progressivo de involução.

Estratégias coletivas de defesa

As estratégias coletivas de defesa construídas em uma comunidade de trabalho reúnem os esforços de todos para a proteção contra os efeitos desestabilizadores, para cada um, do confronto com os riscos que são, em uma primeira abordagem, os mesmos para todos os membros do coletivo de trabalho. É o caso para a indústria

14 Cf. a teoria da tradutibilidade do recalque em Laplanche: "Fondements: Vers la théorie de la séduction généralisée". In: Jean Laplanche. *Nouveaux fondements pour la psychanalyse*. Paris: Presses Universitaires de France, 1987. *Novos fundamentos para a psicanálise*. São Paulo, Martins Fontes, 2020.

da construção civil e das grandes obras públicas de engenharia, para as forças armadas, para as indústrias que envolvem grandes riscos (química, nuclear, tratamento de resíduos industriais, pesca etc.). Essas estratégias associam, de modo geral, condutas paradoxais sobre como assumir os riscos, uma indisciplina em relação às medidas de prevenção e de segurança, a não manifestação pública da expressão do medo do sofrimento e a obrigação de participar de demonstrações ostentatórias de desprezo e enfrentamento quanto ao risco, bem como a exibição dos sinais exteriores de coragem, de resistência ao sofrimento, da força, de invulnerabilidade e de virilidade.

A estrutura de uma estratégia coletiva de defesa é complexa e exige, para sua coerência interna, a participação de todos. A análise de cada um de seus elementos constitutivos mostra que esses compõem vetores constituídos pela vontade de reverter simbolicamente a posição subjetiva em relação ao risco. De vítima impotente e passiva exposta ao risco, a posição subjetiva é revertida pelas atitudes de provação, de provocação e de escárnio pelas quais se afirma o controle total da situação, com o recurso suplementar de uma eufemização coletiva da percepção do risco.

Afinal, a estratégia coletiva de defesa parece colocar em operação uma negação coletiva sobre a percepção do risco, um meio eficiente graças ao qual é possível não pensar nos riscos durante uma atividade perigosa. Pode-se mostrar que sem essa negação de percepção seria difícil, até mesmo impossível, prosseguir na atividade e cumprir a tarefa.

Deve-se admitir ainda que com as estratégias coletivas de defesa contra o medo, tal como em relação às estratégias individuais de defesa contra a monotonia e contra a sobrecarga de tarefas, a relação com o trabalho joga contra o pensamento: fazer de uma maneira tal que não se pense no que se constitui numa ameaça para a coesão psíquica, é o que, efetivamente constitui todas as defesas (negação de percepção da realidade).

De um lado, é necessário convir sobre a utilidade, o valor "adaptativo", mas de outro importa observar que a negação dos estreitamentos da capacidade de pensar apresentam lá seus inconvenientes. Não apenas porque acarretam um empobrecimento da subjetividade, mas porque ainda engendram a famosa "resistência à mudança". Difíceis de serem operacionalizadas, dispendiosas em esforço e em energia, quando são instaladas e se mostram eficazes, as defesas devem ser conservadas, mantidas e protegidas. Assim, as estratégias de defesa participam da perpetuação das situações sobre as quais, justamente, elas têm por princípio combater os efeitos psíquicos deletérios.

Os constrangimentos organizacionais patogênicos não decorrem da fatalidade. São determinados pelas relações de dominação, das quais não podem ser considerados apenas como a consequência, sendo ainda o seu instrumento: pois é também através da organização do trabalho que as relações sociais se estabelecem.

Ao se considerar esses dados sociológicos sobre a divisão social do trabalho, importa reconhecer que as estratégias coletivas e individuais de defesa destinadas, em primeira instância, a proteger a saúde mental, constituem, em segunda instância, poderosos propulsores para a servidão voluntária e para a reprodução da dominação.

As ideologias defensivas

Quando as situações axiogênicas agravam-se, quando a ameaça – sob o efeito, por exemplo, de um endurecimento dos métodos de gestão ou de uma nova administração no comando na empresa –, as defesas podem revelar-se insuficientes. A ameaça de dispensa, por exemplo, cria entre os trabalhadores relações de concorrência com vistas a fugir da ameaça. A divulgação de novos contingenciamentos orçamentários impõe dificuldades suplementares na organização concreta do trabalho e leva os diferentes serviços a conflitos de interesse e a hostilidades. Dessa maneira, a ameaça traduz-se, mais cedo ou mais tarde, pela perda de confiança e de lealdade, pela desconfiança e, por fim, pela desestruturação das solidariedades. O coletivo de defesa corre o risco de ser ameaçado em sua coesão por essa mesma desconfiança que faz com que cada um seja mais frágil frente à luta contra o medo. É com base nessas condições que se inicia, com frequência em um clima de grande tensão, um recurso a uma estratégia última, às vezes desesperada: tentar salvar a qualquer preço o coletivo, mesmo, se necessário for, empreender uma guerra santa contra o inimigo comum, o que pressupõe proceder à designação do dito inimigo como responsável pela crise. É então possível que se desenvolvam processos que conduzam ao estigma de um alvo oferecido à desforra coletiva. Sob o império do medo produzido pela intensificação da ameaça, os que hesitam (aqueles que não exibem de devidamente os sinais exteriores de adesão às estratégias de defesa coletiva) tornam-se alvos fáceis, alvos preferenciais. Nesse estágio, custe o que custar, as defesas devem ser protegidas. É, em suma, necessário defender as defesas.

A partir dessa etapa, quando a defesa passa a ser construída como um fim em si, torna-se iminente o risco de partir à deriva. A coesão do coletivo se reforça sob um regime de denúncias contra o inimigo comum. A violência da exclusão, das perseguições, do linchamento já não está muito distante. A radicalização das posturas defensivas demanda o surgimento de líderes e de bons oradores capazes de propor palavras de ordem sobre como operar e difundir o "pensamento de empréstimo" destinado ao controle do medo, bem como contrapor-se à ausência do pensamento diante do medo. Não se fala mais então em estratégias de defesa, mas em *ideologias defensivas* para qualificar aqui a derrocada do pensamento sob o império do medo. Exemplos significativos foram objeto de publicações, nestes últimos anos, em psicodinâmica e em psicopatologia do trabalho.[15]

Aqui estamos, *via* as ideologias defensivas, no limiar do que, retomando Gustave Le Bon, Freud descreve a propósito da agregação de massa.

A passagem progressiva do medo às estratégias coletivas de defesa e às ideologias defensivas constitui uma clínica que abre o acesso *in statu nascendi* ao processo em causa na formação dos grupos ou das "massas não organizadas".

Ocorre que no presente caso, esse processo repousa em seu princípio, não como o sustenta Freud, sobre a formação de ligações inscritos no amor ou na libido, mas ao contrário, sobre a desestruturação das ligações de cooperação preexistentes, sob o império do medo.

Formação de uma "massa não organizada"

O que sugere a clínica do trabalho é que, no início do processo de mutação da massa organizada em massa não organizada, há antes de qualquer outro propulsor, o medo. O medo catalisa a formação de um tipo de ligações reacionais completamente novas: *a coesão coletiva contra o inimigo comum* pode alcançar a violência intencional contra o alvo designado no exterior – o inimigo, ou no interior – o traidor ou mesmo, em bom número de casos, o bode expiatório.

Esta ligação nova que substitui as regras do viver junto organizando um coletivo de trabalho é assim alimentada pelos ódios

15 Cf. as "ideologia defensivas do realismo econômico" no pessoal de direção nas novas formas de gestão e de empreendedorismo in Christophe Dejours, *Souffrance en France*, coleção "L'histoire immédiate", Paris, Seuil, 1998.[m]

individuais. Tais ódios não levam ao esfacelamento interno enquanto a massa se mantiver coesa em sua determinação de atuar contra o outro – o inimigo – externo. Isso nos traz de volta à discussão que Freud propõe com os textos de McDougall a propósito do pânico. Segundo este último, o pânico poderia desempenhar um papel importante na formação da massa.

A clínica do trabalho pleiteia nesse mesmo sentido. Entre os membros de um grupo (ou de uma massa) unidos por uma ideologia defensiva, ou seja, por uma defesa contra o medo, a ligação depende mais da captura imaginário do que de uma deliberação racional fundada na intercompreensão. Reencontra-se aí o modo de funcionamento do pensamento por imagens, com economia do pensamento *stricto sensu*, cujo encadeamento é alimentado pelo medo, pela representação caricatural do inimigo comum, pelo ódio e pela sede de vingança.

Freud evoca essa possibilidade de uma ligação dos indivíduos da massa pelo ódio e não pelo amor:

> *O ódio a uma pessoa ou instituição determinada poderia redundar em uma ação de unificação e suscitar ligações afetivas análogas àquelas provocadas a um "condutor" (pp. 38-39).*[n]

Mas em seguida ele abandona esse caminho, que será substituído por uma "reflexão" que promete evidenciar o caminho mais curto que são as ligações de libido que caracteriza uma massa (p. 39).[o] Evoca na sequência a ambivalência amor - hostilidade e confirma a orientação principal de sua concepção, a saber, que os movimentos hostis "só escapam à percepção após o recalque". Por fim, ele imputa a eliminação dos sentimentos de repulsão entre os membros da massa à

> *restrição do narcisismo [que], segundo nossa perspectiva teórica, só podem ser engendradas por um fator, pela ligação libidinal a outras pessoas. O amor a si encontra limite apenas no amor ao outro, no amor aos objetos (pp. 40-41).*[p]

Reafirma assim o princípio segundo o qual a ligação está na libido e no amor. Se Freud evoca a ligação pelo ódio, ele decide simplesmente esquecê-la para resolver a contradição atribuindo à libido o poder de limitar, e mesmo de dissolver o ódio.

A clínica do trabalho – que permite captar, *in statu nascendi*, a formação de uma massa não organizada com base numa massa organizada – pleiteia por outra concepção da ligação que se estabelece aqui. Evidentemente, a contradição realçada por Freud volta: como o ódio que deveria de fato dissociar as ligações entre os indivíduos pode, neste caso, servir de liga? O primeiro argumento explicativo consistiria na evocação – como, por sinal, já o fizemos anteriormente – da reversão do ódio e da destrutibilidade para o exterior, contra o inimigo comum, o que livraria a massa das forças de desunião-desagregação. É um elemento, decerto, da explicação, mas que não é suficiente. Livrar a massa das forças desagregadoras não constitui dotá-la, em contrapartida, de um elemento de ligação. E uma vez que, ademais, todo processo inicia-se com a desconfiança entre os membros do coletivo de trabalho, não enxergamos como, em tal ambiente, poderiam disseminar o amor e desenvolver a libido assegurando a coesão da massa.

A força de agregação provém com certeza de outro lugar. O que é proposto da parte da ideologia defensiva? Nada menos do que a reversão no contrário de sua experiência efetiva do medo:

um sentimento de potência e de força, a embriaguez do poder que confere o a quantidade de pessoas ou, para retomar a expressão de Le Bon citada por Freud, "um sentimento de invencibilidade". Essa experiência da força é experimentada no modo de coesão imaginária de se compor em "um", mas com a união total conferindo à força de um gigante. O imaginário do gigante põe um termo, a um só tempo, ao sentimento de medo e ao sentimento de solidão (desmoronamento solo comum = desolação). Em outras palavras: o que estabeleceria a ligação entre os membros da massa não organizada, cuja ideologia defensiva é uma das formas clínicas mais comuns, não seria nem a libido nem o amor, nem Eros, mas antes a virtude reconfortante de um conluio imaginário capaz de esconjurar as forças de desagregação mobilizadas pelos ódios individuais, e de as reunir graças ao sentimento de todo-poderoso que confere a cada indivíduo a embriaguez do apelo à violência coletiva contra o inimigo comum.

Sob o efeito do medo, uma "massa" organizada até então por acordos normativos tão difíceis de elaboração pode transformar-se em massa não organizada cuja coesão depende apenas de um conluio imaginário.

Ligação imaginária, acordos normativos e idealização

As relações estabelecidas entre os membros unidos por causa de uma ideologia defensiva não estão na ordem das relações interindividuais. São relações entre o indivíduo e a massa como um bloco imaginário. A ligação imaginária, ou "imaginal",[q] opõe-se aqui à ligação simbólica. Laplanche designa sob o nome de "ligação especular", "ligação em massa", ou ainda em *Gestalt*, essa ligação imaginária, para distingui-la da ligação de tradutibilidade, passando pelo pensamento e não pela imagem (ligação simbólica). Esses dois tipos de ligação, sempre segundo Laplanche, operariam no âmbito do narcisismo. A primeira alcançando um benefício fálico; a segunda resultando num benefício em termos de amor de si.

Desde que se mantenha a referência à ideologia defensiva, como tipo de massa espontânea, a "restrição do narcisismo" – evocada por Freud a propósito dos indivíduos que compõem uma massa não organizada (ou espontânea) – deve ser entendida antes como ajuste das diferenças individuais em benefício do imaginário em bloco. E, para maior precisão, seria necessário conceber essa restrição do narcisismo como o primeiro tempo de um processo: ao enfraquecimento do Eu sob o império do medo, ocorreria um segundo tempo de inflação do Eu por fusão imaginária com a massa. Quanto a Freud, ele afirmava que a restrição narcísica permitia a eliminação dos sentimentos de repulsão entre os membros da massa. E essa restrição poderia ocorrer, segundo ele, apenas em consequência do amor do outro (pp. 40-41).[o]

No capítulo relativo à identificação, Freud introduz a dimensão específica do ideal do Eu; o ideal do Eu para o qual são investidas quatro funções: a função de auto-observação, a consciência moral, a censura do sonho, a influência maior sobre o recalque.

Na ideologia defensiva, alinham-se ligações que sugerem o estabelecimento de uma distinção mais nítida em relação ao que se pode observar na formação de um coletivo de trabalho *stricto sensu*. É possível identificar aí dois processos, podendo cada qual conduzir à formação de figuras ideais, a tudo opostas.

Uma primeira, que levaria à formação de uma "instância moral" procurando a concordância com o ideal oferecido de fora – os valores da vida boa e da cultura – e com a autoridade parental.

A outra, que traria antes à superfície a nostalgia de uma época passada, a do narcisismo primordial na qual o Eu infantil bastava a si próprio (p. 48)[s] e participava da toda poderosa "*his majesty the baby*". Esse ideal de uma época passada (a menos que se trate da ilusão retroativa de um passado fictício que nunca existiu), que corresponde a uma dilatação do amor-próprio, não tem muito a ver com o sentido moral. Teria algo em comum com o que afirma Freud a propósito do estado amoroso e da idealização do objeto, evoluindo paralelamente para uma desvalorização narcísica do Eu?

Na ideologia defensiva, parece que o narcisismo especular se restabelece invocando um imaginário todo-poderoso a fixar uma espécie de continuidade entre a megalomania infantil e o imaginário do gigante, do qual discorríamos há pouco. Nessa configuração, seria possível que o objeto – neste caso o mentor/condutor, sobre quem Freud insiste muito – não fosse propriamente um objeto "querido", "amado". Sua função, como o sugere Freud, não seria decisiva na formação da massa, o condutor podendo com facilidade ser substituído por uma "ideia-guia". Ela não seria por isso contingente: a função do condutor consistiria em formular *slogans* e palavras de ordem, bem como em exaltar as imagens da quantidade de pessoas, associadas à força e ao poder, dos quais se alimenta o imaginário social da massa, ou seja, o modo de pensamento por imagens. O ideal da força e da onipotência é fundamentalmente amoral. Orientado ademais pelo ódio, pela violência e pela coesão contra o inimigo comum, ela é tudo menos uma instância moral. O sentido moral pressupõe o emprego do pensamento pré-consciente e não o do modo regressivo e simplificado do pensamento por imagens.

A identificação imaginária, ou conluio imaginário, é capaz de restabelecer a clivagem e, pela *via* do imaginário social, de fornecer as racionalizações a justificar o emprego da força e da violência que o sentido moral reprova. Esta é a razão da formulação de Freud (p. 54): os indivíduos da massa puseram "um único e mesmo objeto no lugar de seu ideal do Eu e, em consequência, identificaram-se uns com os outros no Eu deles",[t] operação pela qual certa quantidadede indivíduos estaria apta a se "fazer" massa primária. Isto só é admissível se se compreender como ideal do Eu a instância imoral objetivando a onipotência, construída de modo imaginário a partir do conluio dos amores próprios.

Conclusão

Ao se admitir que Freud reconheceu de fato a distinção entre a massa natural ou não organizada e a massa artificial ou organizada, a clínica do trabalho sugere acentuar essa distinção e não criar eufemismos, como ele propõe, na intenção de reuni-los sob um princípio de coesão único: a libido.

À libido, ao amor, a Eros, ao carinho, às pulsões sexuais inibidas quanto à meta, à dessexualização, à hipnose, à identificação, à ideação e ao estado amoroso como variantes do princípio único de coesão da massa, seria provavelmente mais justo contrapor uma tese a distinguir dois tipos de ligações que tudo separa.

Na *massa organizada* considerando-se até as suas modalidades mais complexas que compreendem as instituições do Estado, o princípio organizador penderia para as deliberações de cunho racional, para os acordos normativos e para a ética, que seria necessário opor aqui, com todo o rigor, à libido, pois essa ignora a ética.

Na *massa não organizada*, ou massa primária, o princípio de coesão dos indivíduos estaria assegurado pela tentativa de transformar a experiência do medo em sentimento de força invencível, ou mesmo de onipotência.

Do ponto de vista da emancipação, a massa organizada propicia possibilidades que examinaremos, em detalhes, a partir da clínica do trabalho. Esta clínica permitirá a realização de uma análise dos impulsionadores da cooperação e da solidariedade. Em contrapartida, a massa não organizada, cuja ideologia defensiva contra o medo serviu de modelo – e que experimenta, a um só tempo, o fracasso da atividade deôntica e a derrota do pensamento – só é capaz de produzir destruição e, mais ainda, promover a barbárie.

Por fim, na passagem da coesão que repousa sobre ligações de civilidade à coesão que repousa na referência ao inimigo comum, é necessário considerar dois processos que são sucessivos, mas independentes: neutralização e desestruturação das ligações de solidariedade e de cooperação sob efeito do medo, inicialmente; na sequência, edificação de um conluio imaginário. Nenhum mecanismo preside o encadeamento desses dois processos. Quando, após o primeiro deles, o segundo não chega ao seu termo, assiste-se a descompensações psicopatológicas frequentes e graves, chegando a extremos tais como o suicídio no local de trabalho. Em caso de sucesso do segundo processo, as descompensações psicopatológicas são evitadas, mas abre-se então a via que leva à destrutibilidade coletiva.

Qual o lugar que se deve atribuir às relações de trabalho na análise desses processos onde os desafios presentes são simultaneamente a cultura e o viver junto? A clínica do trabalho deve ser considerada – assim como as demais clínicas – exemplo capaz de explicar a formação e a desestruturação das relações sociais? O que ele revela é contingente? A vida do espírito pode ser teorizada sem referência ao trabalho?

Deve-se admitir que a metapsicologia freudiana, mesmo que abra espaço em numerosas ocorrências para o termo *Arbeit*, não trata de tudo o que, no funcionamento tanto anímico individual como na psicologia das massas, diz propriamente respeito ao trabalho.

Nos próximos capítulos, será examinado o sentido no qual a referência à clínica e à teoria do trabalho permitiria renovar a análise das relações entre sexualidade, sublimação e cultura, bem como considerar as possibilidades e os limites entre os quais poderia, consequentemente, ocorrer a dinâmica da emancipação.

Notas do tradutor

a Para o leitor brasileiro, há a possibilidade de cotejar as edições francesas referenciadas e uma das mais recentes edições brasileiras deste trabalho de Freud: *Psicologia das massas e análise do Eu*, in *Sigmund Freud, Obras completas*, Vol. 15, São Paulo, Companhia das Letras, 2011. O livro de Gustave Le Bon, *Psicologia das multidões*, foi publicado em 2008 pela Martins Fontes.

b Idem, pp. 15-16.

c Ibidem, pp. 33-34.

d Ibidem, p. 34.

e Ibidem, pp. 25-26 e p. 29.

f Ibidem, p. 38.

g Ibidem, p. 92.

h Ibidem, pp. 33-34.

i Ibidem, pp. 27-28.

j Ibidem, p. 21.

k Ibidem, pp. 58-59.

l Ibidem, p. 33.

m Christophe Dejours. A banalização da injustiça social. Rio de Janeiro: Editora Fundação Getúlio Vargas, 2000. n Sigmund Freud. *Psicologia das massas e análise do Eu*, op. cit., p. 55.

n Sigmund Freud. *Psicologia das massas e análise do Eu*, op. cit., p. 55.

o Ibidem, p. 56.

p Ibidem, p. 58.

q *Imaginale*, no original.

r Sigmund Freud. "Psicologia das massas e análise do Eu", op. cit., p. 58.

s Idem, p. 48.

t Ibidem, p. 76.

3. Outra forma de civilidade: A cooperação

"Por um conceito crítico do trabalho"

A ideia segundo a qual o trabalho pode ser um mediador da emancipação é objeto de numerosas de controvérsias entre os teóricos da Escola de Frankfurt. Da leitura dos textos de Marx retém-se sobretudo a ideia inversa, ou seja, o trabalho pode ser um propulsor maior da *alienação* (no sentido pejorativo do termo). Conserva-se também a ideia do primado do trabalho sobre o conhecimento: é a partir da experiência do mundo, à qual se acede em razão do trabalho, que a verdade do mundo se revela. Ou, para dizê-lo de outra maneira, o trabalho seria uma *condição imanente de todo conhecimento* do mundo.

Mais raros são os autores que retêm de Marx a ideia de que o trabalho possa também constituir uma provação mediante a qual os poderes do ser humano revelam-se para ele mesmo, de uma parte; e a ideia de que o "trabalho social" possa constituir-se no meio essencial da *emancipação*, de outra.

Em um texto de 1980 que trata especificamente do trabalho, Axel Honneth retraça a maneira como o trabalho foi conceituado nas diferentes etapas da teoria crítica. Ele precisa que Marx jamais justificou a tese fundamental segundo a qual a emancipação dos trabalhadores deve ser explicada com base nas relações imanentes do trabalho alienado.

Como se sabe, Habermas excluiu de sua teoria o trabalho como mediador da emancipação. Axel Honneth, ao contrário, no texto de 1980,[1] anuncia sua intenção de contribuir para a reconstrução de um "conceito crítico de trabalho".

Mas, como bem observou Emmanuel Renault em seu artigo "Reconhecimento e trabalho",[2] Honneth engajou-se então em outros caminhos de pesquisa que dizem respeito também ao seu programa filosófico sobre a teoria do reconhecimento, mas não retomou realmente esse projeto de "conceito crítico do trabalho". Eu desejaria justamente examinar se a clínica do trabalho pode oferecer uma contribuição para a construção de um "conceito crítico de trabalho", que, desde Marx, continua escapando a toda teorização. Gostaria de contribuir com o programa definido por Jean-Philippe Deranty em seu artigo sobre "Materialidade reprimida: Recuperando o materialismo na teoria do reconhecimento de Axel Honneth".[3]

---

1 Axel Honneth. "Arbeit und instrumentales Handeln. Kategoriale Probleme einer kritischen Gesellschaftstheorie". In: Axel Honneth & Urs Jaeggi. *Arbeit, Handlung, Normativität. Theorien des Historischen Materialismus*, Vol. 2. Frankfurt a/Main: Suhrkamp Verlag, 1980; tradução francesa, "Travail et agir instrumental. À propos des problèmes catégoriels d'une théorie critique de la société". In: *Travailler*, n. 18, 2007, pp. 17-57.

2 Emmanuel Renault. "Reconnaissance et travail". In: *Travailler*, n. 18, 2007.

3 Jean-Philippe Deranty. "Repressed materiality: Retrieving the materialism in Axel Honneth's theory of recognition". In: Jean-Philippe Deranty, Danielle Petherbridge, John Rundell & Robert Sinnerbrink (org.). *Recognition, work, politics: New directions in French Critical Theory*. Leiden-Boston: Brill, 2007.

Para realizar este meu ensejo evocarei uma única dimensão do trabalho: a da *cooperação*; isto é, pensar o que é necessário implementar para se constituir uma equipe ou um *coletivo* unido para trabalhar junto.

Apontarei um paradoxo das pesquisas clínicas e teóricas que até agora foram realizadas sobre a cooperação. Isso pelo fato de Honneth ter reafirmado seu interesse pelo tema da emancipação e por ter ele reservado na teoria do reconhecimento um lugar específico para o trabalho, que fez com que nos debruçássemos, no meu laboratório, novamente sobre a Escola de Frankfurt (com a colaboração de Emmanuel Renault). O paradoxo é que a clínica da cooperação sobre a qual me apoiarei para sustentar a ideia de um poder emancipatório do trabalho e tentar articulá-lo com a teoria do reconhecimento, essa clínica da cooperação, portanto, não poderia ser construída sem a ajuda que me trouxe a teoria de Habermas. Sem a teoria do agir comunicativo eu não teria sido capaz de descrever os elos intermediários da cooperação. Enquanto Habermas recusa o produto do trabalho da teoria, foi justamente sua teoria que permitiu obter os elementos necessários para a construção de um conceito crítico do trabalho. O que proponho poderia talvez, à sua maneira, constituir uma espécie de elo a aproximar as teorias de Habermas e Honneth, segundo modalidades bem precisas, mas que se sobrepõem, em alguma medida, à análise elaborada por Deranty sobre as relações entre Habermas e Honneth.[4] Contudo, a questão teórica aqui consistiria sobretudo em interceder em defesa de uma *reabilitação do trabalho*, com vistas a atribuir-lhe um lugar por inteiro no seio da teoria crítica.

Da psicanálise, apreendemos que o ser humano, pelo viés da sexualidade, possui em si uma aptidão para a violência cujos desenvolvimentos possíveis são tão ilimitados como os da fantasia.

4 Jean-Philippe Deranty. "Repressed materiality: Retrieving the materialism in Axel Honneth's theory of recognition", op. cit., p. 143.

Vimos que o poder da violência em ampliar-se de modo temerário vem dos riscos de conluios imaginários entre os indivíduos, quando da formação de uma massa, uma vez que esse imaginário de onipotência pode estraçalhar as barreiras que amparam habitualmente contra a fúria da barbárie.

Em que o feito de saber – ou de assumir as implicações antropológicas da psicanálise, muito particularmente da clivagem do inconsciente, que tivemos a oportunidade de examinar no tomo I – pode contribuir para pensar o político?

Partir dessa base antropológica seria considerar como banal, esperado e lógico o desenrolar da violência entre os seres humanos. Seria ainda avaliar a cultura como uma anomalia, surpreendendo-se e maravilhando-se quando os humanos se mostram capazes de afastar a propensão à violência para consagrar-se à produção das diferentes obras e da civilidade. Além dos requisitos subjetivos individuais da criatividade estudados por Freud ao tratar da sublimação, é possível considerar as condições sociais e políticas que presidem a orientação das atividades humanas em prol da cultura e da civilização em vez de orientá-las rumo à violência e à barbárie?

Se acreditar no progresso moral da humanidade é indubitavelmente um erro, a escolha de opor-se à volta da barbárie não constitui, contudo, uma perspectiva irracional da ação. Sucessos de luta contra a violência obtidos aqui e ali, no varejo, não deixam de ter certa importância. Deles resta a cultura, cujo acúmulo permanece ainda sem a força necessária para afastar duravelmente o destino, mas cuja sedimentação não deixa de ser alvissareira no que representa como contribuição às realizações que se manifestam como esforço de superação e mesmo de subversão da condição humana, esforços esses disseminados por uma quantidade não desprezível de trabalhadores, pesquisadores, pensadores e artistas.

Nossa pesquisa focaliza especificamente as *atividades* humanas mais do que os *comportamentos* humanos em geral. Pelo fato de a civilidade e a civilização manifestarem-se em todas as esferas da vida pública, bem como da privada, e passarem legitimamente por "*comportamentos*" no sentido amplo do termo,[5] isso não dispensa questionar-se sobre o que o processo civilizatório deve às *atividades* humanas, muito em particular ao *trabalho*.

O *trabalho coletivo* constitui um elo intermediário essencial entre a inteligência, a habilidade e a engenhosidade presentes no *estado potencial* em cada indivíduo, de um lado, sua atualização em uma contribuição à cultura e à pólis, de outro.

O que é o trabalho coletivo?

O trabalho coletivo – a exemplo do trabalho individual, assim como de todo trabalho enquanto trabalho vivo – repousa na inteligência e na mobilização da inteligência. O trabalho coletivo implica a mobilização das inteligências individuais. Ora, é possível mostrar que a inteligência demandada pelo trabalho é uma inteligência inventiva cujas elaborações são fortemente marcadas por características idiossincráticas de cada pessoa. De sorte que cada inteligência traça o seu próprio caminho e cada habilidade é notoriamente singularizada. O risco para o trabalho coletivo, em um primeiro tempo, resulta de esses caminhos singulares não apresentarem qualquer tendência espontânea a se acordar, a ser harmônicos uns com os outros. As inteligências, por sua diversidade, provocam o surgimento do risco de grandes divergências entre os *modus operandi*, de maneira que geram a desordem, a incoerência e, na sequência, o caos.

5 Norbert Elias. *Über den Prozess der Zivilisation*; tradução francesa, *La civilisation des moeurs*. Paris: Calmann-Lévy, 1973 [1939].

Um trabalho coletivo só é possível se se obtiver a reunião das inteligências singulares para inscrevê-las em uma dinâmica coletiva comum.

Trabalho prescrito e trabalho efetivo

Na esfera individual, a lacuna entre o trabalho prescrito e o trabalho efetivo é teorizado em ergonomia pelo binômio conceitual formado de um lado pela tarefa, de outro pela atividade. Na esfera coletiva, a prescrição do trabalho coletivo concretiza-se sob a forma da *coordenação* do trabalho. Em contrapartida, o trabalho coletivo efetivo, que em geral se afasta significativamente da coordenação, toma a forma da *cooperação*. Descrever um trabalho coletivo representa prioritariamente expor a cooperação; em seguida, descrever as condições que a tornam possível.

A visibilidade

Uma vez que o caminho traçado por uma inteligência particular – um *modus operandi* – difere dos demais caminhos inventados pelos outros membros da equipe, a cooperação entre colegas pressupõe, antes de tudo, que cada trabalhador compreenda e conheça a maneira como os outros, os seus colegas, trabalham. Ora, o que está no coração do real, ou seja, da atividade, não pertence ao mundo visível. Para que os outros compreendam e saibam como eu trabalho, ou seja, como respeito as regras do trabalho e me afasto dessas mesmas regras, devo mostrar explicitamente como faço. Essa exposição, essa visibilidade que ofereço, não deve ser confundida com a transparência. Tornar visível é encontrar a retórica pela qual minha maneira de trabalhar pode tornar-se inteligível para os demais. Demonstração, ostentação, dramaturgia, retórica fazem parte dessa exposição do *modus operandi*.

Confiança

A visibilidade, contudo, não implica apenas *esforços* para tornar inteligível aos outros o que se procura fazê-los conhecer. Implica também *riscos*: risco, em primeiro lugar, de revelar as artimanhas do ofício e de que os demais deles se apropriem; depois, risco de expor, ao lado de toda a minha engenhosidade, as falhas de meu saber-fazer, minhas imperícias, até mesmo as infrações às regras que cometo; por fim, risco de que os outros se sirvam dessas informações contra mim. Assim, eu não ousaria mostrar os segredos de meu trabalho se não tivesse confiança na lealdade dos outros, tanto os meus colegas como os meus chefes. A confiança constitui uma das grande dificuldades do trabalho coletivo. Confiança e lealdade são indissociáveis. Abrir espaço para a questão da confiança no seio da cooperação é introduzir no trabalho algo de fundamentalmente heterogêneo em relação à técnica. A confiança repousa de fato sobre propulsores que não são nem de ordem técnica, nem de ordem psicológica, mas de ordem ética.

Controvérsia e deliberação

A partir do instante em que os requisitos retóricos da exposição, e éticos da confiança, estão reunidos, aparecerá então que diversos modos operatórios são implementados pelos diferentes trabalhadores do coletivo. Trabalhar junto, cooperar, isso pressupõe que se discuta, que se inclua na pauta de debates esses diferentes modos operatórios com vistas a selecionar e admitir aqueles que trazem vantagens para a cooperação, bem como rejeitar os que lhe são prejudiciais. É evidente que essa é a dificuldade maior da cooperação. Não apenas porque a deliberação sobre essa pauta demanda tempo, como ainda pelo fato de a qualidade da controvérsia definir a capacidade do coletivo em evoluir, em progredir em suas competências coletivas.

No melhor dos casos, a deliberação permite lograr um *consensus* sobre o que convém fazer, de uma parte, sobre o que deve ser proscrito, de outra. Na prática observa-se que *consensus* são com frequência obtidos, mesmo que não sempre. A controvérsia se eterniza, a deliberação não avança mais, os desacordos e as dificuldades ameaçam cristalizar-se, arruinando qualquer possibilidade de cooperação. A única solução, então, é a arbitragem.

A arbitragem

A arbitragem suscita problemas muito complexos, pois significa que a palavra de certos trabalhadores prevalece sobre a dos demais; a efetividade desta última corre o risco de ser desqualificada publicamente.

A arbitragem pode engendrar frustrações, sentimentos de injustiça e ressentimentos prejudiciais à cooperação.

A arbitragem - este ponto é importante - é assim esperada e desejada, ao final, pelos trabalhadores de uma equipe, e isso para colocar um termo a discussões que não têm mais fim, que perderam objetividade e se tornaram estéreis. Mas quais são as condições para que uma arbitragem propicie decisões, em ato que contenha em si, também a pacificação?

Há uma questão realmente polêmica, que suscita análises divergentes entre os pesquisadores: o tema da *autoridade* daquele ou daquela que arbitra. Com a noção de autoridade está introduzida no âmbito do trabalho coletivo a dimensão da *cooperação vertical* entre chefe e subordinados.

Quando uma arbitragem é proferida com o complemento de força que lhe pode conferir a autoridade, então essa arbitragem pode ser benéfica para o desenvolvimento do trabalho coletivo.

Consentimento e disciplina

A autoridade da arbitragem, tal como aquela de um acordo obtido por consenso, implica, em contrapartida, o consentimento de todos os trabalhadores e, na falta de *consentimento* direto, um consentimento fundado na disciplina, outro elo espinhoso de toda cooperação.

A atividade deôntica

A deliberação

Quando um acordo é obtido em decorrência de um consenso ou de uma arbitragem, sua perenidade faz desse ato um *acordo normativo*, uma referência comum e estável que vale para todos os membros do coletivo e no futuro pode servir de referência para todos, isso em relação aos modos operatórios e ao trabalho coletivo.

Quando vários acordos normativos podem ser articulados entre si, forma-se o que se convencionou designar sob o nome de *regras de trabalho*.

Por fim, quando, ao seguir todo esse caminho, muitas regras de trabalho podem ser estabilizadas e transmitidas, juntas, aos mais jovens, aos estagiários e aprendizes, é possível então falar de *regras de ofício*.

O principal agente dessa atividade que leva à formação, à evolução, à manutenção, à transmissão e à renovação dessas regras é precisamente o espaço de discussão ou *espaço de deliberação* presente na empresa, no escritório, na instituição ou ainda na organização. A estrutura desse espaço levanta grande quantidade de questões que não podem ser examinadas aqui. Mas, com o que já foi anteriormente mencionado, pode-se compreender que no espaço de deliberação os trabalhadores podem formular e defender suas concepções sobre os modos de trabalhar; e que esses argumentos não poderiam ser de modo exclusivo formulados com bases em dados técnicos e científicos. É necessário também assegurar-se da referência a valores que digam respeito à confiança, à lealdade, ao respeito às regras, à disciplina. Pode-se ainda defender certos procedimentos ou diferentes *modus operandi* por razões de ordem moral ou política relativas à idade, ao gênero, à saúde, ao histórico médico, à experiência, às preferências, à boa convivência, à tradição, às preferências por mudanças etc. Esses argumentos que tomam lugar na deliberação coletiva sobre o trabalho são compromissos entre técnica e ética, ou seja, são *opiniões*. O espaço de deliberação específico da cooperação é assim *estruturado como um espaço público*.

A atividade de deliberação que conduz à formação de regras de trabalho e que está no princípio mesmo da cooperação é uma *atividade deôntica*.

Regra de trabalho e viver junto

Um acordo obtido por consenso ou por arbitragem é racional se a deliberação que o precede for racional: é racional se a discussão foi efetiva e levada a termo. Então, e somente então, a decisão pode ser submetida *a posteriori* à avaliação, o que passaria a beneficiar o trabalho coletivo. Em caso de decisão inapropriada, a crítica *a posteriori* só será pertinente e de alguma utilidade em decorrência da qualidade da deliberação que a precedeu. Da mesma maneira, é a qualidade da deliberação que permitirá fazer da decisão uma prova racional da autoridade do chefe.

Enfim e sobretudo, na medida em que os argumentos são produtos compostos de referências técnicas e morais, pode-se mostrar que as próprias regras de trabalho têm uma eficiência não apenas técnica no mundo objetivo, mas também moral e prática no mundo social do trabalho. Toda regra de trabalho trata simultaneamente a *relação com o real* do trabalho e com o *viver junto*. Toda regra de trabalho é a um só tempo regra técnica e regra de saber viver.[6]

Coloca-se aí a questão da materialidade do espaço de deliberação. A investigação clínica do trabalho sugere que o espaço de deliberação se propague em duas dimensões bastante heterogêneas e que tragam, por isso, verdadeiras dificuldades de identificação, investigação e, *a fortiori*, de avaliação.

Parte do espaço de deliberação ambienta-se em reuniões de caráter formal: reuniões de equipe, sínteses, *briefing*, *staff*, reunião de diretoria, reunião em canteiro de obra etc. Parte ambienta-se em espaços informais: os vestiários dos canteiros de obra, a lanchonete, a copa de um laboratório ou de uma central nuclear, a sala de estar dos plantonistas nos serviços hospitalares.

A dificuldade é decorrente não apenas da efetividade desses dois diferentes tipos de espaço, como também da articulação entre ambos. Os espaços informais são tomados pela atividade deôntica, pois são ocupados pelas práticas de *convivência*: pausa para um cafezinho, lanche, refeições, comemorações, discutir sobre o jogo de futebol da véspera e tantos outros assuntos, soprar velinhas etc. Quando essa convivência não existe ou é excluída do trabalho, suprimem-se também os espaços informais de deliberação, o que pode terminar evoluindo rumo a uma tendência de coordenação autoritária ou burocrática.

Não há contradição na reaproximação dos elos de convivência, até mesmo de comemoração, e a atividade deôntica, uma vez que

6 Damien Cru. "Les règles de métier". In: Christophe Dejours (org.). *Plaisir et souffrance dans le travail*. Paris: Laboratoire de psychologie du travail et de l'action. Conservatoire National des Arts et Métiers (Cnam), 1988.

essa aproximação inscreve-se na composição interna da regra do trabalho: simultaneamente regra técnica e regra do saber viver. De sorte que a convivência não aparece apenas como um suplemento contingente da alma, ela é parte integrante da cooperação.

Trabalhar não é apenas produzir, é também viver junto.

A articulação entre espaço formal e espaço informal pode também ser analisada de modo preciso. Quando a cooperação é efetiva, constata-se que o *espaço formal* é um espaço no qual as ordens são dadas, na frente de todos, ordens que, ao propiciarem o contorno oficial à coordenação, tornam-se referência comum para todos os membros do coletivo. Mas é também o lugar de certos conflitos dirimidos formalmente pelas relações hierárquicas.

O espaço de *deliberação informal* é o lugar do reajustamento, da sintonia fina, ou ainda de "interpretações coletivas" das ordens constitutivas da coordenação.

Por exemplo: em um serviço hospitalar especializado, há pelo menos dois espaços formais: a visita do professor da cátedra (ou médico-chefe do serviço) e a reunião semanal da equipe. E há espaços informais: a sala de estar dos plantonistas, a copa e, às vezes, a sala das equipes.

Pode-se analisar de mais perto o modo como as modalidades de organização do trabalho atuais desestruturam progressivamente não apenas os espaços informais de deliberação, mas até os espaços formais. Sob a pressão dos gestores, os espaços informais e as formas mais comuns de convívio são combatidos, chegando mesmo a ser proibidos, porquanto, vistos de longe – em outras palavras: vistos desde as mesas dos gestores – representam apenas tempo improdutivo e desperdiçado, ou perda de tempo. É necessário entrar no detalhe da clínica do trabalho vivo para compreender o papel proeminente desempenhado por esses espaços na manutenção e no ajuste da organização do trabalho. É ainda sob a pressão do gestor que os espaços formais de deliberação e a atividade deôntica são, em uma demonstração de desconhecimento acachapante, desmembrados. A introdução sistemática de métodos de avaliação individual de desempenho esmaga, inexoravelmente, os espaços de deliberação coletiva a partir do momento em que cada um aprende a calar-se, a desconfiar dos demais em razão dos efeitos devastadores da concorrência generalizada que, muitas vezes, culmina na deslealde entre colegas.

Cooperação, liberdade, constrangimento

Para quem se preocupa com a avaliação do trabalho coletivo, é importante debruçar-se sobre o caráter necessário ou contingente de duas dimensões da cooperação, quais sejam:

- a liberdade de deliberação; e
- a convivência.

A apresentação de cooperação aqui apresentada sugere que seu impulsionador fundamental seja a liberdade da vontade em nível individual; a formação de uma vontade de agir ou de trabalhar junto, em nível coletivo.

Há aí um problema de difícil solução a ser analisado, desafio que diz respeito à avaliação. Realmente, se a cooperação se assenta na mobilização livre da vontade, então o que se deveria avaliar em prioridade seria, de um lado, a liberdade efetiva no interior da organização do trabalho e, de outro, a maneira como os indivíduos empregam essa liberdade. Seria assim necessário avaliar a *autonomia* vis-à-vis a organização do trabalho (sem cair nas armadilhas dos discursos padrão sobre a "dita" autonomia no trabalho)[7] que

7 Thomas Perilleux. "L'autonomie est-elle encore un idéal d'émancipation dans le travail?". In: *Travailler*, n. 1, 1998.

reflete, em nível individual, a liberdade de participar da produção de normas e a *convivência* que espelha com bastante fidelidade o nível coletivo da liberdade de participar de uma atividade deôntica.

Mas a tese segundo a qual a cooperação repousa, em seu princípio mesmo, na liberdade da vontade pode ser contestada. A força de uma organização do trabalho não seria medida com base em seu poder de fazer trabalhar junto indivíduos, independentemente de eles terem ou não vontade para tal? Podemos fazer referência aos conhecimentos que temos do fordismo, mesmo não sendo um modelo do liberalismo em matéria de governança de empresa. E o que dizer das forças armadas e de seus diferentes corpos especializados cuja eficácia, segundo o enquadramento militar, está assentado exclusivamente na disciplina?[8]

O problema assume um contorno particular no mundo do trabalho contemporâneo. É certo que a introdução da avaliação individual de desempenho contribuiu de modo determinante, na primeira década deste século, para desestruturar as solidariedades. A concorrência generalizada entre trabalhadores para obter uma avaliação capaz de proporcionar diversas gratificações (em termos de evolução na carreira ou simplesmente por gratificações pecuniárias), ou ainda de proteger-se contra os riscos de punição ("colocar na geladeira", tirar toda atribuição e competência do trabalhador, mudança de cargo, retrocesso no estatuto e demissão), levou à banalização das condutas desleais entre colegas. A desconfiança entrou em cena trazendo consigo o medo ao mundo do trabalho. Ora, eu já havia insistido antes que o emprego da vontade livre para integrar um coletivo de trabalho exige confiança, a ponto de que essa última se apresenta como condição *sine qua non* da cooperação. A contradição entre a realidade ordinária de hoje e a teoria parece tão mais aguda,

8 André Loez & Nicolas Mariot. *Obéir/désobéir. Les mutineries de 1917 en perspective*. Paris: La Découverte, 2008.

que, independentemente da desconfiança e da vigilância constante para esquivar-se dos golpes baixos desferidos pelos colegas, a organização do trabalho atual não apenas perdura de modo insolente contra o bom senso e a teoria, mas recebe louros pelos sucessos consideráveis que são determinantes neste triunfo neoliberal.

O medo e a deslealdade permitiram continuar a reduzir os efetivos de trabalhadores sem que movimentos sociais significativos de resistência fossem capazes de se opor. Isso resulta em um indefectível crescimento da produtividade e da rentabilidade do trabalho vivo. Acompanhado, é bem verdade, e não poderia ser de outra maneira, de problemas de saúde que se traduzem pelo agravamento sem precedentes das patologias de sobrecarga e patologias mentais, levando, em casos extremos, ao suicídio. Mas os custos desses "efeitos secundários" da avaliação individualizada do desempenho são terceirizados (Previdência, Seguridade Social), não havendo incidência na apresentação do balanço das empresas.

No entanto: globalmente, os novos métodos de organização do trabalho com avaliação individualizada do desempenho e a qualidade total alcançam tamanho sucesso, que é de se supor que a inteligência coletiva esteja no encontro da gestão da grande lacuna existente entre coordenação e cooperação.

Parece assim existir duas maneiras bem diferentes de mobilizar a inteligência coletiva e a cooperação. A primeira baseia-se na liberdade da vontade de se envolver em um trabalho coletivo, sendo essa liberdade estimulada por diferentes formas de gratificação e de reconhecimento. A segunda está assentada no medo e na ameaça.

Inicialmente, a ameaça parece ser um catalisador eficiente da inteligência coletiva. Sob o império do medo, muitos seres humanos são capazes de realizar proezas de zelo e de inteligência para não perder o emprego, mesmo em um contexto no qual a confiança, a precaução, a comunicação livre e a deliberação coletiva entre colegas não sejam mais possíveis.

Deve-se considerar dos êxitos do novo sistema. Mas dificilmente se compreende como a cooperação é possível sem espaço de deliberação coletiva e sem uma deontologia do fazer, tudo realizado mediante a simples mágica da ameaça e do medo.

Em realidade, a análise clínica permite elucidar os princípios propulsores da cooperação quando os coletivos foram despedaçados pelo medo e pela deslealdade. A cooperação na gestão pelo medo não funciona como a cooperação na gestão pela deliberação coletiva.

A gestão pelo medo emprega dois tipos de meios.

O primeiro consiste em explorar a fonte dos saber-fazer e das competências coletivas acumuladas pela organização do trabalho anterior à política de avaliação individualizada. Mas essa fonte não é inesgotável. Ao contrário. Com a partida dos mais experientes, com as paralisações constantes do trabalho e os afastamentos prolongados daqueles que caem acometidos por diferentes doenças, a fonte vai se degradando, se exaurindo. No curto ou médio prazo, ela se esgota. Não se pode assim explicar a cooperação sob o regime do medo desse último.

O segundo meio é bem mais complexo. Passa pela "cooperação reduzida em busca das compatibilidades". A cooperação em sua forma completa é antes uma cooperação entre pessoas e depende propriamente do trabalho vivo. Mas ela é também uma cooperação com objetos técnicos: com máquinas, com uma *linha de produção* para o setor de construção de automóveis, para a montagem eletrônica ou para os abatedouros, por exemplo, com *autômatos* nas indústrias de processamento como a nuclear, a química ou as fábricas de cimento, com a *programação digital* na gestão, na contabilidade, na administração. Cooperar é, de fato, como bem o mostra Nicolas Dodier,[9] procurar *compatibilidades entre instâncias*. Uma instância pode, nesta perspectiva conceitual, ser constituída por um colega, um subordinado, um chefe, um objeto técnico, ou ainda um cliente. Oferecer uma contribuição à cooperação consiste aqui em ajustar seu próprio modo operatório, de maneira que ele seja compatível com o funcionamento das demais instâncias com as quais cada operador está em relação direta, sejam elas humanas ou "maquínicas".

A cooperação reduzida à procura das compatibilidades assenta-se em um esforço privilegiado, exclusivo, consagrado à cooperação com os objetos técnicos. Se esses últimos desempenham um papel suficientemente importante na divisão técnica das tarefas, a inteligência, concentrando-se na compatibilidade da atividade com os objetos técnicos, concentra-se progressivamente na inteligência individual. A contrapartida é a auto-organização: cada agente esforça-se em identificar a zona de atividade a mais independente, a mais limitada, a mais individualizada possível, em diálogo exclusivo com os objetos técnicos. As relações e as comunicações com os colegas são reduzidas ao mínimo possível. Em numerosos casos, os operadores deixam de se falar. Quando, como último recurso, os colegas devem estabelecer alguma troca, recusam-se a fazê-lo frente a frente, *de visu*. Deixam de lado mesmo as conversas telefônicas. Até com colegas sentados a dois metros, a comunicação é feita exclusivamente por e-mails. As trocas resumem-se a uma transferência de informações ou a questões em linguagem telegráfica, por correio eletrônico ou por *post-it* em outros casos.

Quer se trate de questionamentos, pedidos de informação, transmissão de ordens ou notas técnicas, a comunicação funciona sobretudo como sistema de rastreamento. Trata-se de um dispositivo que permite, em caso de paralisia da cooperação e de situação disfuncional, provar aquela pessoa não é a responsável

9 Nicolas Dodier. *Les hommes et les machines*. Paris, Métailié, 1995.

pela eventual ocorrência danosa, uma vez que o pedido de informação, a comunicação ou a nota foi bem enviada, sem contudo merecer a devida atenção.

Em um grau cada vez mais estratégico da cooperação reduzida à procura de compatibilidades, se é levado insensivelmente a se proteger dos riscos de punição não apenas conservando com cuidado o histórico das mensagens remetidas e recebidas, mas procurando, de maneira sistemática "estar coberto, se proteger". Isso consiste em transferir a mensagem que se emite à intenção de um destinatário preciso, replicando-a e difundindo-a amplamente. Assim, o agente que emite sua mensagem:

- livra-se de toda responsabilidade em caso de disfunção da cooperação;
- convoca a responsabilidade do destinatário, e eventualmente a de outros colegas, na via hierárquica eque os implicam.

Em razão dessa estratégia, todo mundo se torna, *nolens volens*, prescritor de tarefas para os demais. A primeira consequência é *o aumento considerável da carga de trabalho*, porque é necessário mudar o foco em relação à sua tarefa principal, porque é necessário dedicar um tempo ilimitado para tomar conhecimento de toda a correspondência eletrônica que a máquina lhe impõe. E deve-se interromper o trabalho cada vez mais para dar sequência às demandas recebidas com menções do tipo "prioritário", "urgência urgentíssima". O aumento da carga de trabalho resulta em patologias da sobrecarga e a uma ampliação do medo de não conseguir gerir os constrangimentos que invariavelmente desorganizam e complicam a atividade de cada assalariado.

Assim, grande quantidade de trabalhadores passa a consumir remédios e psicoestimulantes para fazer frente ao esgotamento, enquanto, de forma simultânea, trabalhando até tarde no computador de casa, é acometido de perturbações do sono. Na cooperação reduzida em busca de compatibilidades, a cooperação se faz exclusivamente com os objetos técnicos, enquanto as relações humanas se empobrecem e se tornam rarefeitas. Nessa cooperação sob o regime do medo, a convivência não pode resistir, e os espaços informais desaparecem. A patologia da solidão e a desolação rondam, o que significa, concretamente, que em caso de ruptura, de grande dificuldade, de "naufrágio", o sujeito que malogra não pode contar com a ajuda de ninguém.

Quando um sujeito em sobrecarga crônica, assoberbado e em estado de esgotamento psíquico, que já aborreceu os seus familiares e próximos com suas reclamações e sua irritabilidade, quando ele entra de cabeça nessa situação com o sentimento de absoluta impotência, convencido de não mais poder contar com qualquer ajuda, ele experimenta a angústia na solidão radical; trata-se da situação ideal para a emergência de um ráptus que pode levá-lo a um gesto suicidário. Em uma sala de controle da indústria química, o caso de um operador de processo, depois de ter constelado de *post-its* sua escrivaninha, sua sala de trabalho e todos os quadros de aviso, suicida-se. Em uma indústria produtora de *softwares*, um engenheiro envia mensagens de angústia para toda a empresa, com um claro pedido de ajuda para a operação de um *software* que ele não consegue dominar. O silêncio que responde ao seu apelo por dias seguidos leva-o ao suicídio.

A cooperação reduzida na busca de compatibilidades tem efeitos deletérios sobre a cooperação no sentido convencional do termo. Esta forma de cooperação, que se pode também designar com o termo de cooperação "maquínica",[a] apaga os espaços de deliberação formais, destrói a convivência, desumaniza o mundo do trabalho e semeia a desolação com seu cortejo de consequências médico-psiquiátricas. Em realidade ela prejudica, com o tempo, a cooperação "viva" *stricto sensu*. Ao sobrecarregar progressivamente as tarefas, não apenas acarreta desperdício de tempo, energia e trabalho realizado sem qualquer utilidade sensível, ao se ocupar, por exemplo, com um sem número de mensagens; mas também causa muitos erros e disfuncionamentos na cooperação efetiva. E isso é encoberto por uma dissimulação, por um disfarce muito eficiente produzido pelo medo: ninguém ousa divulgar suas dificuldades, nem os disfuncionamentos vivenciados. A estratégia de defesa consiste em produzir uma cobertura mediante novas mensagens com rastreamento ou, para dizê-lo de outra maneira, mediante a dissimulação da experiência de impotência, de insatisfação e fracasso, a quimera de uma "estratégia guarda-chuva".

A cooperação "maquínica" pode assim dar o troco enquanto esses disfuncionamentos são compensados por uma forte "comunicação de empresa" vangloriando-se da qualidade total, de um lado; mas, sobretudo, enquanto cada trabalhador for capaz de contribuir de maneira assídua, de outro. Isso explica a eficiência desse tipo de cooperação: pela conjugação da lógica maquínica com o zelo obtido através do medo (o medo, em caso de fracasso, de não satisfazer aos objetivos contratuais da avaliação individual).

Quaisquer que forem os desempenhos do gerenciamento pela ameaça ou pelo medo, é necessário o consentimento dos trabalhadores. Tanto na cooperação "maquínica" reduzida em busca de compatibilidades como na cooperação viva fundada na deliberação coletiva e na deontologia do fazer encontramos um misto de constrangimentos e de liberdade, com proporções e formas certamente bastante contrastadas.

Constrangimento e liberdade coexistem assim no seio de toda cooperação. Nada de novo nisso. Os dois termos são contraditórios, mas não são incompatíveis.

Certo! O problema se desloca: como avaliar a dinâmica do conflito entre constrangimento e liberdade em uma organização? Astuto aquele que for capaz de imaginar uma ferramenta de medida objetiva.[10] A convivência em um coletivo de trabalho não é o critério mais objetivo de medida da liberdade de vontade, considerada isoladamente, mas antes o reflexo pragmático mais representativo da qualidade de equilíbrio dinâmico no seio do conflito entre constrangimento e liberdade.

Ao supor que a convivência seja um critério da vitalidade de uma cooperação, seria possível mensurá-la? Caso isso não seja possível, seria possível avaliá-la, no sentido nobre do termo, no sentido de um julgamento de valor? Nada fácil, porque a convivência também passa por altos e baixos... Em todo caso, ao supor que se saiba avaliar a convivência, só ela não seria suficiente para a avaliação da cooperação, em seus diferentes elos intermediários.

Pessoalmente, tenho dúvidas sobre a possibilidade de proferir julgamentos confiáveis, salvo em casos localizados nos dois extremos do gradiente: quando a cooperação é viva e eficiente, quando ela se desfez, no polo oposto.

Entre os dois polos, justo onde a avaliação seria a mais esperada e a mais útil, não há, até hoje, um método padronizado. O processo de avaliação é com certeza pesado, uma vez que para julgar a cooperação é necessário passar pela análise da experiência do trabalho até em sua parte invisível, para então apreciar a forma como os membros de um coletivo de trabalho são capazes de fazer com que essa experiência chegue até o espaço de deliberação coletiva, de torná-la inteligível e de justificá-la para os demais; enfim, a maneira pela qual eles são capazes também de escutar o ponto de vista dos demais; a maneira, por fim, como respeitam os acordos e as arbitragens que marcam os tempos de deliberação coletiva.

---

10 François Hubault & Christian du Tertre. "Le travail d'évaluation". In François Hubault (org.). *Évaluation du travail, travail d'évaluation*. Toulouse: Octarès, 2008.

Contudo, esse processo de avaliação não é impossível. Supõe, no entanto, o recurso a terceiros, pessoas vindas de fora e formadas na escuta do "trabalhar" individual e coletivo, cuja participação serve para catalisar a elaboração e a deliberação da experiência do trabalho. Em realidade, esse processo de avaliação funciona como um meio de incrementar o conhecimento e as competências coletivas. É um meio de apropriação da experiência coletiva do trabalho que, de uma condição tácita, através desse estratagema pode passar à condição de novas competências coletivas. Em outros termos: não é possível separar a avaliação da cooperação do conjunto uma empresa, se houver o objetivo de ampliar sempre mais a robustez de sua força de trabalho coletiva; nem de sua "doutrina", como o veremos adiante. A avaliação constitui um trabalho específico, mas ela é parte integrante do trabalho propriamente dito e constitui uma etapa na evolução e no ajustamento da organização do trabalho. Visto o peso de seu processo, a avaliação não pode ser praticada sempre em todos os setores de uma empresa simultaneamente. Contudo, ajustando determinados dispositivos, que não detalharemos aqui, é possível transferir novas competência de um serviço, para outro, sem grande dificuldade.

Pesquisas e intervenções estão em curso no momento, e parecem capazes de abrir uma via alternativa aos métodos devastadores da avaliação individual (quantitativa e objetiva) dos desempenhos. Mas é ainda demasiado cedo para apresentar as conclusões. A título indicativo, podemos por ora apresentar algumas publicações.[11]

---

11 Christophe Dejours, "Le soin en psychiatrie, entre souffrance et plaisir". In C. Chiland, C. Bonnet & A. Braconnier. *Le souci de l'humain: Un défi pour la psychiatrie*. Toulouse: Éditions Érès, pp. 399-418; Christian du Tertre. "Services immatériels et relationnels: Intensité du travail et santé". In: *Activités*, n. 2, 2008.

"Deontologia do fazer" e viver junto no trabalho

As ligações que os seres humanos tecem com o objetivo de juntos trabalharem – as ligações de cooperação – são produzidas graças a uma atividade específica que designaremos doravante pela expressão "deontologia do fazer", para sublinhar que seu fundamento é o fazer, o fazer junto; o trabalhar, o trabalhar junto.

A deontologia do fazer não se desenvolve a partir de considerações sobre os seres nem sobre as personalidades. Ela é antes orientada pelo *objetivo instrumental*: conseguir produzir junto.

A natureza instrumental dos fundamentos que favorecem o desenvolvimento da deontologia do fazer encontra-se no destino das ligações que então se formam:

- as ligações entre os indivíduos são úteis para a formação de um *coletivo*;
- as ligações entre os indivíduos são fundadas na experiência dividida do *real* do trabalho, porque é dessa experiência que nasce a sensibilidade comum que permite posteriormente a formação de uma habilidade coletiva.

Significa assim que é primordialmente e, antes de mais nada, a vontade de trabalhar, de labutar em uma obra comum que mobiliza a formação de ligações entre os indivíduos – a deontologia do fazer – e não a libido, como poderia sugerir a teoria da ligação social de Freud. A referência ao trabalho desempenha aqui um papel protagonista que proporcionará uma verdadeira reviravolta teórica vis-à-vis a economia do amor. Pois a libido não é determinante na gênese das ligações de cooperação, como sequer é uma condição *sine qua non*. Pode-se dizer que seria mesmo o inverso. A força pacificadora do trabalho deve-se precisamente ao fato de que é possível estabelecer ligações de cooperação com indivíduos de que não gostamos ou com os quais não compartilhamos as mesmas opiniões. Posso trabalhar com uma pessoa de quem não gosto pela única razão de reconhecer-lhe competências no registro do *fazer* e não por suas qualidades no registro do ser. O que conta, aqui, não é a libido ou o amor, mas a estima e a confiança em relação ao respeito comum às regras do trabalho e da postura moral (*ethos* profissional) com relação ao real do trabalho.

As regras do trabalho são antes vetorizadas por um objetivo instrumental. Mas, como exigem uma atividade muito sofisticada de palavra e escuta orientada para a intercompreensão, as regras de trabalho são também e sempre regras sociais, regras que organizam a civilidade e o viver junto.

Isso explica – como já o vimos – como o espaço de deliberação interna da organização do trabalho é formado não apenas em locais informais (como o vestiário, a sala de repouso, a copa, entre outros) mas ainda em locais de convivência, onde são realizadas brincadeiras e onde se celebram acontecimentos marcantes na vida de cada um e que são pretextos para compartilhar refeições, brindar e comemorar nos locais de trabalho.

As ligações que se estabelecem entre os membros de uma equipe, de uma instituição ou de uma empresa não dependem só dos vínculos sociais. Vão bem além: são antes ligações de civilidade; mas também e sobretudo são sempre ligações estabelecidas e conquistadas na luta. Essas ligações não são estabelecidas do exterior. São construídas coletivamente *contra* alguma coisa: contra as ordens que compõem a injunção de trabalhar junto, contra a coordenação. Este ponto é essencial. A coordenação nunca é puramente instrumental, estruturada por motivos técnicos. O chefe que coordena é também e sempre um chefe que comanda. A coordenação é concebida para a manutenção e mesmo para a ampliação do poder do chefe e para a dominação. Por isso a coordenação não é jamais simplesmente instrumental, ela também é estratégica.

A cooperação fundada sobre acordos normativos e regras de trabalho passa por uma atividade deôntica cujos objetivos são de libertar-se, ao menos parcialmente,, da dominação, para reapropriar-se individual e coletivamente de uma parte de autonomia, não apenas pelo gosto da liberdade, da transgressão ou da indisciplina, mas porque esse grau de autonomia é indispensável para o exercício da inteligência, para a formação das habilidades e ao prazer da "subversão *poiética*" (cf. tomo I, capítulo primeiro).

Ademais, pode-se mostrar que, nas ligações informais da convivência ordinária nos locais de trabalho, assiste-se ao encontro não apenas dos colegas, mas também dos chefes. Nas dependências de um serviço hospitalar, por exemplo, os enfermeiros estão lado a lado com os auxiliares de enfermagem, com os residentes e mesmo, quando a convivência é forte e a cooperação prospera, com o chefe do serviço e seu assistente. Todos dividem o espaço para o cafezinho e compartilham brincadeiras, chacotas e são, um a um, objeto da zombaria coletiva. Este ponto merece destaque: as ligações de cooperação não são apenas ligações horizontais. São também verticais. A cooperação vertical no sentido da hierarquia é sempre tão importante quanto as regras da arte, como referência comum, o são para a cooperação horizontal. O exercício do comando, da dominação e da hierarquia deve permitir certos compromissos que os subordinados obtém do chefe. Essa é a razão de as ligações de cooperação não serem apenas ligações de civilidade, e sim ligações construídas com base na negociação das relações de poder. As ligações formadas pela deontologia do fazer não são apenas ligações sociais entre indivíduos, mas são relações sociais perpassadas pela dominação e pela negociação modulada pelas relações de força e de poder.

Coletivo de trabalho e destino da pulsão

Uma regra de trabalho organiza a distribuição das tarefas, mas organiza também o viver junto. O tipo das ligações entre indivíduos que produz a deontologia do fazer permite a formação de um coletivo. Um coletivo não é uma massa espontânea (ou natural), no sentido dado por Freud a esse termo, nem um grupo mas uma entidade estruturada pelas regras que seus membros construíram juntos. O coletivo seria mais próximo de uma "massa organizada", se desejarmos voltar à terminologia empregada por Freud. Mas com uma diferença: nas massas organizadas que são a Igreja e as forças armadas (dois exemplos escolhidos por Freud para ilustrar sua tese sobre a natureza libidinal das ligações na "massa"), as ligações deônticas não estão ao serviço do amor, mas do trabalho em comum, da obra comum.

Se o que realiza a ligação não provém do amor, mas da atividade deôntica, nada há nessa atividade que seja puro ou espontâneo, ou possa mesmo evocar algum agente pulsional. A atividade deôntica é sempre dispendiosa para o funcionamento psíquico. Para dizê-lo de maneira mais condensada, a atividade deôntica se encaminha de modo oposto à economia do princípio de prazer e do gozo. Ela parece mesmo, em diferentes situações, opor-se à economia pulsional, desde que essa procure o prazer mediante uma atividade (sua meta) especificamente sensual e erótica. A atividade deôntica seria antes orientada rumo à dessexualização da pulsão, ou de sua sublimação. Se contudo permanecermos consequentes em relação à centralidade do sexual e do pulsional como origem de toda mobilização psíquica possível, como a cooperação é possível, quais são seus propulsores subjetivos?

Se a satisfação pulsional está no encontro marcado pela cooperação, ela não expressa como primeira intenção um movimento "altruísta". A implicação na cooperação remete antes a pulsões egoístas ou egoicas, ou seja, à economia do narcisismo e não aquela do investimento objetal. Se os indivíduos se engajam na deontologia do fazer, é porque eles esperam obter resultados no registro da *proteção de si* e da realização de si mesmo.

Proteção de si uma vez que a implicação na deontologia do fazer é um meio de negociar as condições favoráveis de luta pela preservação da identidade; *realização* de si mesmo na medida em que a deontologia do fazer é também um elo intermediário essencial da luta pelo reconhecimento. A cooperação que exige ligações de civilidade e de convivência não pressupõe o altruísmo nos membros do coletivo de trabalho ou da comunidade de origem. Ela permite fazer com que coexistam e vivam juntos os egoísmos, passando pela elaboração de compromissos negociados entre indivíduos do coletivo. É sem dúvida aqui que reside a força extraordinária do trabalho em relação à socialização: *tornar possível a cooperação dos egoísmos na concórdia.*

Vida, cooperação e "amor mundi"

A deontologia do fazer beneficia a civilidade, o viver junto, a compreensão. Mas, aos olhos da economia da violência humana, a cooperação cumpre, na sombra, uma verdadeira façanha. A *luta pela identidade* singular não pode ser considerada como mera questão anedótica, já insistimos sobre esse tema alhures. A *luta pela vida* está muito afastada de qualquer preocupação política, visto que o primado do egocentrismo, indissociável da problemática da identidade, tende a desconsiderar o próprio objeto da política: não o homem, mas o "mundo" e o "*amor mundi*".

Hannah Arendt insiste neste ponto: para que haja *mundo*, é necessário estabelecer entre os homens relações que não poderiam ser reduzidas às relações de trabalho.[12]

Arendt demonstra aqui a mesma preocupação de Freud em "Psicologia das massas e análise do Eu": a da natureza das ligações ou das relações que os homens estabelecem para fundar a sociedade. Mas suas respostas são diametralmente opostas. Para Freud, a ligação é de natureza libidinal e agrega os seres humanos em uma massa, organizada ou não organizada. Para Arendt, a ligação está depurada de toda referência à identidade e à luta pela vida, mesmo de toda referência ao homem como sujeito, para abrir o campo do "entre-dois", do espaço que se situa entre os homens, enquanto esses últimos se caracterizariam por suas identidades singulares, das quais, precisamente, deve-se desviar para poder investir a vida do espírito no que é propriamente político, quer dizer a ação.

Somente Arendt, de maneira deliberada, atém-se à recomendação, ou mesmo à injunção de se desprender das preocupações da vida, do trabalho e da identidade para consagrar-se ao "mundo". Esta postura filosófica significa pensar a possibilidade da política não com base no que é, mas com base no que deveria ser; não com base no ser humano concreto e ordinário, mas com base no ser humano abstrato possuidor de qualidades que acoplaríamos antes a um herói (no sentido "de homem digno da estima pública, da glória, por sua força de caráter, seu gênio, seu devotamento total a uma causa, a uma obra", segundo o dicionário *Robert*).[b]

É exato que o que examinamos aqui, no capítulo da identidade, pertence ao espaço pré-político, mas é precisamente porque reconhecemos a existência de uma crise política que podemos apoiar-nos na injunção de Arendt, que consiste em desviar do

---

12 Hannah Arendt. *Qu'est-ce que la politique?*. Paris: Seuil, 1995, p. 12; Hannah Arendt. *La vie de l'esprit*, tomo I. Paris: Presses Universitaires de France, 1981, p. 91.

amor da vida porque ele caracterizaria a condição de escravo ou, em uma perspectiva mais hegeliana, porque ele caracterizaria a *disposição* à condição de criado, de serviçal.

Ao contrário do que adianta a filosofia grega retomada por Hannah Arendt, a condição de cidadão, de senhor ou de herói não é dada pelo nascimento ou pela raça. O que nos ensina a psicanálise é que o ser humano nasce dependente. Ele é criança antes de tornar-se adulto. Ele é alienado antes de ser livre. E se liberdade há, isso passa por um processo de reapropriação ao termo do qual apenas se pode entrever a possibilidade para o escravo de se libertar.

Levar a sério esse caminho que conduz à libertação é também remontar mais profundamente na análise das fontes da crise da política. A libertação, a reapropriação, sem as quais nenhuma competência política poderia advir, por mais bem-nascidos que sejamos, passam pela conquista de sua identidade singular.[13] Pois, enquanto a identidade não se apoiar em bases suficientemente sólidas, permanece presente a ameaça da doença mental, da descompensação psiquiátrica. Ou seja: uma forma particularmente crítica da alienação da liberdade de pensar.

Se podemos reconhecer, em Arendt a justeza da oposição que ela busca restaurar entre a luta pela vida e a política, devemos afastar-nos dela no que diz respeito aos remédios para a crise política. Arendt pensa que a política está aniquilada porque o individualismo triunfou sobre ela. Penso que essa interpretação pode ser criticada. Em vez disso, trata-se o processo inverso que deveria ser examinado: penso que é a crise e a derrota da política que teriam

13 Jean-Philippe Deranty & Emmanuel Renault. "Democratic Agon: Striving for distinction or struggle against domination and injustice?". In: Andrew Schapp (org.). *Law and agonistic politics*. Aldershot: Ashgate Publishing, 2009.

aberto o caminho do individualismo defensivo e permitido a esse último instalar-se no lugar do amor do mundo. Se se deseja restaurar o amor do mundo, é necessário antes prover às necessidades fundamentais do ser humano no registro da identidade e da luta pela vida (claro está que a vida designa não apenas a vida dos órgãos como também a vida subjetiva). E ali onde, pelo mesmo movimento, Arendt desvia-se tanto da luta pela vida como do trabalho, proponho ao contrário, voltar a esse último para dar direito à existência daquela: o trabalho como atividade individual pode abrir a via à subversão poiética que se apresenta de grande força em relação aos elementos constitutivos da identidade e mesmo do corpo erótico por meio da inteligência do corpo (cf. tomo I, capítulo primeiro). O trabalho, ademais, como atividade coletiva – de cooperação – abre a possibilidade de fazer viver junto indivíduos movidos por interesses egocêntricos e de contrabalançar as tendências individualistas por causa da possibilidade de compartilhar a experiência coletiva da participação em uma obra comum.

Evitemos mal entendidos! A experiência da obra comum não constitui uma experiência política. Ela é de caráter pré-político e não permite antecipar a possibilidade de seguir pelo caminho da realização de si mesmo que levaria até o *amor mundi* e à experiência política propriamente dita.

Contudo, se o trabalho apresenta esse poder extraordinário de tornar possível a coexistência na harmonia dos interesses individualistas, que, sem ele, gerariam a violência entre os seres humanos, então a organização do trabalho merece ser reconhecida como um problema especificamente do âmbito da política, *stricto sensu*. De fato, o trabalho e, mais especificamente, a cooperação, constituem os elementos constitutivos do mundo, no sentido arendtiano do termo, uma vez que eles produzem o "entre-dois" e a convivência. Mas o trabalho está abrangido, de maneira ainda mais específica pela política, se para tanto se deve assumir as consequências teóricas do que a clínica da cooperação nos ensina. A saber: a cooperação não é uma construção espontânea, e o coletivo nada tem ver com uma massa natural (ou não organizada) no sentido proposto por Le Bon e Freud.

A cooperação assenta-se na deontologia do fazer que é uma prática complexa e semeada de grandes emboscadas. Que ela antes repouse na vontade dos seres humanos de trabalhar junto não compromete o fato de a organização do trabalho como objeto propriamente político poder ser pensada e concebida de maneira a tolerar em seu seio o desenvolvimento da atividade deôntica. Vimos que a condição *sine qua non* da atividade deôntica é o *espaço de deliberação* interno à organização, que constitui de fato um espaço pré-político, uma vez que é um espaço reservado para o debate de opiniões. A tolerância e a manutenção de um espaço de deliberação no trabalho só são possíveis se a direção da empresa assumir a decisão de conceder aos trabalhadores uma parte do poder sobre o ajuste e o controle da organização do trabalho. Concessão na ordem da racionalidade estratégica em proveito do exercício da atividade deôntica; compromisso sutil a elaborar e a manter entre racionalidade estratégica e racionalidade axiológica.

A elaboração desse compromisso, em razão de sua dificuldade, de uma parte, de seus desdobramentos – a civilidade e a esconjuração da violência –, de outra, diz respeito propriamente à política.

Mobilização subjetiva e trabalho

A montante do estabelecimento de uma coerência nas contribuições singulares de cada sujeito para a construção da organização do trabalho, a *cooperação* torna-se efetiva apenas se cada um desejar cooperar (*orexis*). Em que condições os homens se engajam na dinâmica de construção e de evolução da organização do trabalho? É possível, de maneira esquemática, reunir os principais elementos de análise. A mobilização subjetiva diante do desafio que constitui a organização do trabalho supõe, como já o vimos:

- Esforços da inteligência – ou da engenhosidade – para fazer frente ao real e à sua resistência à maestria.
- Esforços de elaboração para a geração das opiniões (com base na experiência pessoal do trabalho, nas interpretações que implica a referência às prescrições da organização do trabalho, valores aos quais cada um está vinculado, obrigações morais em relação aos demais, preferências e gostos relacionados à personalidade) sobre a melhor maneira de resolver as contradições e de superar as dificuldades da organização do trabalho.
- Esforços para integrar-se nos debates de opinião, ato necessário à deliberação que deve preceder ou acompanhar as escolhas ou as decisões em matéria de organização do trabalho. A implicação e o engajamento no espaço de discussão são um trabalho específico que supõe riscos e esforços. Em outros termos: a cooperação passa por uma mobilização que se deve considerar como uma contribuição específica e insubstituível dos trabalhadores na concepção, no ajuste e na gestão da organização do trabalho – contribuição que só pode ser oferecida a partir do desejo próprio de cada sujeito. Pode-se contudo tentar, como é possível encontrar nos atuais modos de gestão de empresas, lançar apelos à mobilização, provocar os engajamentos singulares a partir da ajuda de culturas de empresa, de estágios de formação sem respeitar limites (salto com elástico – *bungee jumping* – e outros exercícios de caminhada

> sobre brasas incandescentes etc.), de *slogans* e palavras de ordem diversos. As experimentações em matéria de "gestão dos recursos humanos" visam especificamente ultrapassar o obstáculo da impossibilidade de prescrever do desejo de cooperar, manipulando de maneira alternada os processos de gratificação e as ameaças de punição.

Se é impossível prescrever a mobilização psíquica necessária à cooperação, trata-se também de uma preocupação sem grande importância. O problema deveria ser colocado de maneira invertida: como proceder para não arruinar a mobilização das inteligências e das personalidades? A mobilização subjetiva para o trabalho revela-se forte na maioria dos sujeitos que gozam de boa saúde. Tudo ocorre como se o sujeito em confronto com a organização do trabalho não pudesse evitar essa sua mobilização, bem como colocar em ação os recursos de sua inteligência e de sua personalidade. Com certeza, não se pode afirmar isso para o universo de todos trabalhadores. Mas a maioria deles supera as dificuldades e delas obtêm os proveitos simbólicos de um trabalho bem feito, de um trabalho de qualidade.

Contudo, essa mobilização subjetiva – por "espontânea" que seja – não deixa de ser frágil. Ela depende da dinâmica entre contribuição e retribuição. Em contrapartida da contribuição que ele leva à organização do trabalho, o sujeito espera uma retribuição. E ainda: antes mesmo de toda retribuição *stricto sensu*, ele espera muito provavelmente que não se rejeitem sistematicamente as suas iniciativas e o seu desejo de contribuir. E isto significa, que não se o considere um "estrito executante", confinado à obediência e à passividade. Por falta de retribuição por seus esforços, ele acaba por se desmobilizar. Na maioria das vezes a contragosto, porque as consequências para a saúde mental podem ser desastrosas.

Reconhecimento e trabalho

Em que consiste a retribuição? A análise psicodinâmica sugere que a retribuição esperada pelo sujeito seja de natureza *simbólica*. Ela reveste uma forma específica facilmente atestada por estudos empíricos: trata-se do *reconhecimento*. Reconhecimento em suas duas dimensões:

- Reconhecimento no sentido de *constatação*, o que significa dizer reconhecimento da realidade que constitui a contribuição do sujeito à organização do trabalho. Esse primeiro termo do binômio do reconhecimento esbarra em grandes resistências por parte das hierarquias, porque implica, também, o reconhecimento da imperfeição da ciência e da técnica, das falhas da organização do trabalho prescrita e os recursos indispensáveis às contribuições dos trabalhadores para fazer com que o processo de trabalho funcione. Ele se duplica em outra fonte de resistência: a constatação das imperfeições inerentes à organização do trabalho pode desencadear, com frequência, o *medo* nos membros da diretoria e dos executivos, notadamente quando o processo implicar riscos grandes, como os da indústria nuclear. O descrédito às contribuições operárias inscreve-se então em uma estratégia coletiva de defesa para lutar contra o sofrimento próprio dos executivos das indústrias de risco.[14] Assim, a análise psicodinâmica do trabalho permitiu não apenas obter pela clínica as formas específicas das estratégias coletivas de defesa dos executivos e da diretoria contra o seu próprio sofrimento no trabalho, mas também permite proceder à análise da dinâmica das relações de coletivo a coletivo, dos membros da diretoria aos operários, quando a

14 Christophe Dejours. "Travail et santé mentale: De l'enquête à l'action". In: *Prévenir*, n. 19, 1989.

comunicação é dificultada ou distorcida pela interposição das estratégias defensivas contra o sofrimento, de todos, independentemente do posto que ocupam na empresa.[15]

- Reconhecimento no sentido de *gratidão* pela contribuição dos trabalhadores à organização do trabalho. Trata-se do segundo componente do binômio do reconhecimento é concedido apenas com parcimônia na maioria das situações, mas no entanto pode, em casos específicos, ser autenticamente atribuído.

A falta de reconhecimento é um dos temas recorrentes no universo do trabalho. Não se trata de uma reivindicação marginal, mas ao que parece, trata-se de uma peça chave da psicodinâmica da cooperação. Da análise dos elos intermediários da dinâmica do reconhecimento, nós retomaremos apenas alguns pontos essenciais.

O reconhecimento passa pela construção rigorosa de *julgamentos*. Esses julgamentos ocorrem a partir do *trabalho realizado*. São proferidos por atores específicos, engajados diretamente na gestão coletiva da organização do trabalho. É possível fazer a distinção entre os diferentes tipos de julgamento que compõem o reconhecimento: o julgamento de *utilidade*, proferido essencialmente pelo outro na linha vertical, ou seja, pelos superiores hierárquicos e subordinados, às vezes por clientes; e o julgamento de *beleza*, proferido essencialmente na linha horizontal pelos pares, pelos colegas, pelos membros da equipe ou pelos membros da comunidade profissional.

Esses julgamentos têm em comum uma peculiaridade: estão centrados no *trabalho* realizado, ou seja sobre o *fazer* e não sobre

---

15 Christophe Dejours. "Pathologie de la communication, situations de travail et espace public: Le cas du nucléaire". In: Alain Cottereau & Paul Ladrière (org.). *Raisons pratiques*, tomo III. Paris: Éditions de l'École des Hautes Études en Sciences Sociales (Ehess), 1992.c

a pessoa que faz. Mas, em contrapartida, o reconhecimento da qualidade do trabalho realizado pode inscrever-se em relação à personalidade em termos de ganho no registro da identidade. Para dizê-lo de outro modo: a retribuição simbólica conferida pelo reconhecimento pode fazer sentido em relação às expectativas subjetivas quanto à realização de si mesmo. Mas a sequência genética é aqui capital: reconhecimento do fazer, em primeira instância, gratificação identitária a seguir.

Várias observações devem ser feitas: iniciar na próxima linha entre mobilização subjetiva da inteligência e realização de si mesmo passa, necessariamente, por uma mediação, qual seja, a relação com o *real* que constitui o *trabalho*.

A relação entre identidade e trabalho é também mediatizada: pelo *outro*, no julgamento de reconhecimento. Surge assim um triângulo fundamental, o da dinâmica da identidade, que devemos a François Sigaut.[16]

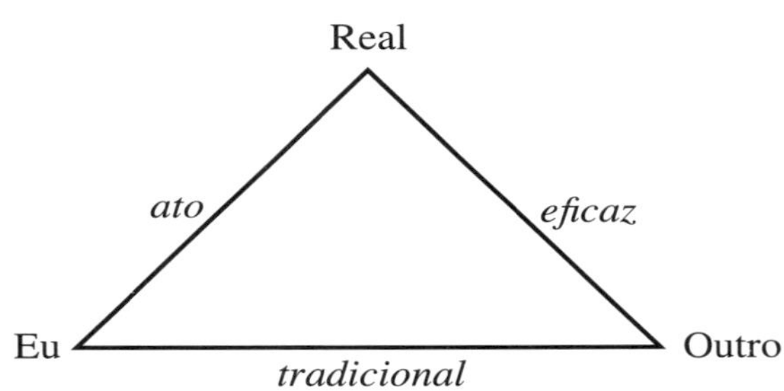

Esse triângulo toma, em psicodinâmica do trabalho, uma forma específica.

A retribuição simbólica concedida pelo reconhecimento procede da produção do *sentido* que ela confere ao vivenciado do

16 François Sigaut. "Folie, réel et technologie". In: *Techniques et Culture*, n. 15, 1990.

trabalho. O sentido que dá acesso ao reconhecimento é o sentido do sofrimento no trabalho, o qual, vimos, é originário e consubstanciado em toda situação de trabalho por ser, em primeira instância, confrontação aos constrangimentos em relação aos sistemas e às técnicas e, de forma geral, à resistência do real à maestria e ao domínio da tarefa (o que leva, inevitavelmente, à experiência do fracasso e ao sofrimento).

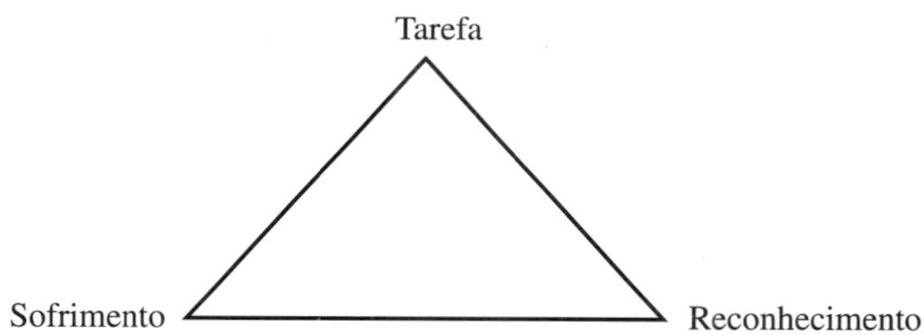

A construção do sentido do trabalho pelo reconhecimento, oferecendo uma gratificação ao sujeito em relação a suas expectativas vis-à-vis a realização de si mesmo (edificação da identidade no campo social), pode transformar o sofrimento em *prazer*. Essa transformação do sofrimento em prazer pela mediação do trabalho opõe-se, ponto a ponto, à dinâmica do masoquismo (erotização direta do sofrimento).

Referir-se à identidade é tocar no núcleo, na armadura estrutural da saúde mental. Toda descompensação psicopatológica supõe um titubear ou uma crise de identidade. Assim, a dinâmica do reconhecimento das contribuições à organização do trabalho envolve, *de facto*, a problemática da saúde mental.

A conquista da identidade na dinâmica intersubjetiva do reconhecimento no trabalho "na essência" diz respeito à realização de si mesmo no campo das relações sociais. Não há articulação direta entre sujeito do inconsciente e campo social. Essa relação é sempre mediatizada pela referência a uma ação sobre o *real* que mobiliza a atividade de trabalho. Nisso a psicodinâmica do trabalho confirma sua peculiaridade em relação à psicologia social, que busca, em regra geral, inferir uma relação direta entre sujeito e sociedade insistindo na análise dos pequenos grupos.

A realização de si mesmo no campo social através do reconhecimento constitui um dos dois componentes da construção da identidade posicionada ao lado dessa última no campo erótico. Esta dinâmica do reconhecimento pode ser assemelhada à sublimação em psicanálise, como o veremos adiante.

Lugar da cooperação na saúde mental

A conquista da identidade no campo social, mediada pela atividade de trabalho, passa pela dinâmica do reconhecimento. Ora, o reconhecimento implica o julgamento dos pares, que só é possível se houver um coletivo ou uma comunidade de pares. De sorte que o *coletivo* aparece como elo capital e ponto sensível da dinâmica intersubjetiva da identidade no trabalho (no triângulo da identidade, o outro na estrutura de um coletivo). No início das pesquisas em psicodinâmica do trabalho, o coletivo era clinicamente acessível apenas sob a égide das estratégias "coletivas" de defesa. Em realidade, a contribuição das estratégias defensivas para a construção dos coletivos aparece sempre como de grande importância. Pode-se, em decorrência, admitir que o coletivo seja em essência a resultante de uma dinâmica defensiva?

O lugar crucial das regras de trabalho (ao lado das estratégias defensivas que se poderia mesmo analisar como "regras" defensivas)[17] conduziu, na sequência, a outorgar um lugar essencial à deontologia do fazer na construção dos coletivos.

Afirmar o lugar central do coletivo e fazer referência a um conceito forte de coletivo na análise psicodinâmica da realização de si é também considerar que o coletivo constitui um elo de vulnerabilidade do sujeito em seus esforços de conquista da identidade (dependência vis-à-vis os outros e de suas capacidades de produção, tanto do coletivo como do reconhecimento).

Esse resumo da dinâmica do reconhecimento nas situações de trabalho sugere que a cooperação seja indissociável da economia da identidade e da saúde mental no trabalho. A mobilização subjetiva necessária à gestão ordinária da organização do trabalho não pode ser prescrita, já falamos sobre o tema. É mesmo inútil prescrevê-la uma vez que é gerada espontaneamente pelas expectativas vis-à-vis a realização de si. O problema prático que nos mobiliza agora é o inverso. A maioria dos sujeitos saudáveis espera por uma oportunidade, graças ao trabalho, para construir sua identidade no campo social. Esta esperança é tão importante que se traduz, no plano ético, pela reivindicação de um *direito à contribuição* – contribuição para com as responsabilidades da pólis,[18] ou, de modo menos abrangente, contribuição para com a organização do trabalho. O problema prático, assim, consiste em não arruinar a mobilização das subjetividades solapando o direito à contribuição, de uma parte, impedindo a dinâmica do reconhecimento, de outra.

Se a dinâmica do reconhecimento está paralisada, o sofrimento não pode mais ser transformado em prazer, não encontra mais qualquer sentido. Pode, nesse caso, apenas ir se amontoando e engajar o sujeito em uma dinâmica patogênica que, ao termo, leva

17 Éric Hamraoui. "Sécurité au travail et sécuritarisme: Approches clinique et philosophique". Paris: Convention Cnam-ACI, n. 80, 2006.

18 Patrick Pharo. *Politique et savoir vivre. Enquête sur les fondements du lien civil.* Paris: L'Harmattan, 1991.

à descompensação psiquiátrica ou somática. Entre sofrimento e doença podem ainda intercalar-se as estratégias defensivas que já foram evocadas no capítulo 2. Assim a psicodinâmica do trabalho completa a análise dinâmica do sofrimento e das estratégias defensivas pela análise dinâmica do sofrimento e sua transformação em prazer pelo reconhecimento. O trabalho atua junto com o sofrimento e com o reconhecimento. Se o reconhecimento não aparece, os sujeitos engajam-se em estratégias defensivas para evitar a doença mental, com consequências sérias para a organização do trabalho.

Entre dinâmica do reconhecimento e estratégia defensiva contra o sofrimento, o trabalho como um todo é levado pelo relacionamento entre as pessoas. Os comportamentos humanos de mobilização, de desmobilização ou de defesa não são de modo algum resultados do acaso, são sim ordenados sob o primado do que poderíamos designar pelo termo de *racionalidade subjetiva*.

O trabalho e os três mundos

O trabalho implanta-se, em primeiro lugar, no mundo objetivo onde é submetido aos critérios de validação da *racionalidade cognitiva instrumental*: é o domínio da atividade enquanto essa constitui o "microscópio" analítico o mais preciso para se considerar a eficiência do trabalho vis-à-vis os objetivos de produção, de produtividade e de qualidade.

Vimos que as contradições inerentes à organização do trabalho supõem um espaço de discussão estruturado como um espaço público e que a gestão da discrepância entre o prescrito e o real é submetida a acordos entre os agentes no mundo social, ou seja, à *racionalidade axiológica*.

Podemos agora acrescentar que o trabalho não se desenvolve apenas no mundo objetivo e no mundo social, mas também no mundo subjetivo (o mundo do reconhecimento). É sobre essas considerações e seu desenvolvimento que somos levados a formatar a hipótese:

Na gestão de toda situação de trabalho, é mais racional considerar a racionalidade subjetiva das condutas que afastá-la em nome das racionalidades teleológica e axiológica.

Reconhecimento e sublimação

A psicodinâmica do reconhecimento proporciona um conteúdo preciso a essa dimensão da sublimação que Freud introduz na definição do termo "atividade socialmente valorizada". A "valorização social" imprime uma conotação social à sublimação. E essa dimensão social da sublimação aparece, à luz da clínica e da psicodinâmica do trabalho, mediante a apreciação qualitativa do julgamento pelo outro: julgamento de utilidade e julgamento de beleza. Haveria assim um *teatro social próprio à sublimação*, essa última não se limitando a um processo solipsista e puramente intrapsíquico. Os julgamentos de beleza e de utilidade são *mensagens* endereçadas pelos outros, no teatro das relações sociais de trabalho. Para que essas mensagens possam encontrar um meio de ser formuladas e endereçadas, são necessárias condições sociais e organizacionais idôneas que tornem possíveis essas apreciações do julgamento. É necessário, em particular, um espaço de deliberação coletiva sobre o fazer. Quando essas condições são satisfeitas – o que ocorre quando a cooperação é efetiva –, pode então ocorrer a solidarização tão cara aos "interesses do Eu". Em outros termos: é o que está inserido *stricto sensu* em relação à ordem individual e ao "viver junto" que depende da ordem social.

A deontologia do fazer torna possível a combinação da ordem pulsional com o interesse coletivo, o que desconhecem Freud, em primeiro lugar, e a maioria dos psicanalistas pós-freudianos na sequência, visto não demonstrarem qualquer interesse pela clínica ou pela teoria do trabalho. Para dizê-lo de outra maneira: a sublimação (que é um destino pulsional) necessitaria, para chegar até o seu objetivo, passar pela deontologia do fazer, ou seja, pela implicação do sujeito na elaboração e no ajuste das regras que organizam a cooperação.

Nota do tradutor

a Neologismo *machinique*, no original.

b "Indivíduo notabilizado por seus feitos guerreiros, sua coragem, tenacidade, abnegação, magnanimidade etc.", *Grande dicionário Houaiss da língua portuguesa.*

c Christophe Dejours. "Patologia da comunicação. Situação de trabalho e espaço público: A geração da energia com combustível nuclear". In: Selma Lancman & Laerte Idal Sznelwar (org.). Christophe Dejours: Da psicopatologia à psicodinâmica do trabalho, 3. Ed. Revista e ampliada, Brasília/Rio de Janeiro, Paralelo 15/Editora Fiocruz, 2011.

4. Os limites axiológicos da cooperação e a questão da renúncia

Os limites axiológicos da cooperação

A cooperação é com certeza um poderoso dispositivo de estruturação das ligações de ajuda mútua, solidariedade e harmonia entre os indivíduos. Mas essa construção coletiva de trabalho beneficia diretamente o "mundo", no sentido arendtiano do termo? É possível, uma vez que a "deontologia do fazer" constitui um verdadeiro aprendizado da deliberação coletiva e da participação no confronto de opiniões, assim como da formação de acordos normativos e de regras. Mas trata-se tão só de uma possibilidade. Em certos casos, a solidariedade nascida do trabalho pode ser colocada a serviço do pior, assim como na produção do mal.[1]

Se Freud não dispensa maior importância ao trabalho na formação da comunidade humana é, em primeiro, porque busca um princípio unitário permitindo fazer referência tanto à economia individual como à economia da sociedade. Em segundo lugar,

1 Joseph Torrente. "La souffrance au travail. *Entre servitude et soumission*". Paris: Conservatoire National des Arts et Métiers (Cnam), 1999, tese de doutorado.

porque Freud pensa o trabalho de a modo pejorativo pois, para ele, o ser humano não tem disposição para o trabalhar:

> *A atividade profissional proporciona uma satisfação particular quando é livremente escolhida, permitindo assim tornar úteis pela sublimação vocações existentes, impulsos pulsionais subsistentes ou constitucionalmente reforçados. E, no entanto, o trabalho, como via que leva à felicidade, é pouco apreciado pelos homens. A grande maioria dos homens trabalha apenas forçada pela necessidade, e desta aversão natural dos homens pelo trabalho decorrem os problemas sociais mais desafiadores.*[2]

Mesmo que fosse justificado contestarmos hoje que "a grande maioria dos homens trabalha apenas forçada pela necessidade", assim como "essa aversão natural dos homens pelo trabalho", isso não seria suficiente para livrar o trabalho da suspeição que lhe impõe Freud:

> *A existência dessa inclinação à agressão, que podemos sentir em nós mesmos e pressupor estar nos outros, é o fator que perturba a nossa relação com o próximo e obriga a civilização aos seus grandes dispêndios. Em decorrência a essa hostilidade primária entre os homens, a sociedade da civilização é constantemente ameaçada de desagregação. O interesse da comunidade de trabalho não seria capaz de manter essa coesão, as paixões pulsionais são mais fortes que os interesses ditados pela razão.*[3]

---

2 Sigmund Freud. *Malaise dans la culture*. Œuvres complètes, tomo XVIII. Paris: Presses Universitaires de France, 2002 [1930], p. 297, nota.[a]

3 Idem, p. 298.[b]

Um pouco adiante, Freud precisa:

> *Não é manifestamente fácil os homens renunciarem à satisfação de sua inclinação à agressividade; não se sentem bem ao fazê-lo. A vantagem de uma esfera cultural menor – permitir à pulsão encontrar uma saída para as hostilidades contra os de fora – não é desprezível. Sempre é possível ligar uma grande quantidade de pessoas pelo amor, desde que algumas outras não sejam incluídas e para as quais será possível manifestar sua agressão. Uma vez ocupei-me com o fenômeno segundo o qual comunidades vizinhas e próximas entre si estavam em constante combate e malevolência recíproca [...]. Dei a esse fenômeno o nome de "narcisismo das pequenas diferenças".*[4]

E, de fato, se a atividade deôntica própria à cooperação constitui um recurso formidável para estabelecer o entendimento e a solidariedade no âmbito de um coletivo, isso não significa que a cooperação se estenda àqueles que não pertencem a esse coletivo. É assim que a clínica do trabalho não poupa o pesquisador de um mal-estar em relação à ocorrência de injustiças cometidas em nome dessas pretensas solidariedades contra os coletivos sem um grande poder de organização e que não conseguem se defender. Durante pesquisas realizadas há algum tempo na indústria petroquímica, descobriu-se que existia uma clivagem impressionante entre os trabalhadores vinculados à matriz contratante e aqueles que trabalhavam para as empresas subcontratadas. Nos anos 1970, para poder tornar-se assalariado da indústria petroquímica, era necessário recorrer a um pistolão. O mais comum era usufruir de um vínculo parental com um funcionário já empregado na empresa.

4 Ibidem, p. 300.[c]

Os cargos eram passados de pai para filho, de tio para sobrinho etc. Os salários eram mais elevados do que a média então prevalecente, a estabilidade do emprego era assegurada, tendo se instalado com isso uma aristocracia operária cujos membros eram todos franceses e brancos. Dividiam o mesmo espaço de trabalho numerosos operários de origem magrebina. Mas esses últimos eram assalariados das empresas terceirizadas, sem estabilidade no emprego e com remuneração baixa. Não tinham nenhum contato com a aristocracia operária da empresa contratante. O trabalho em sala de controle na condução dos sistemas automatizados era realmente um trabalho difícil, exigindo grande nível de cooperação entre os operadores. As regras de trabalho elaboradas no decorrer dos anos levaram a diretoria a destinar às equipes dos turnos a gestão de um orçamento previsto para o financiamento das intervenções de manutenção terceirizadas encamendadas às empresas subcontratadas. Assim, era da responsabilidade dos assalariados da empresa contratante não apenas a direção das operações nas instalações e o controle dos processos de produção, como ainda a manutenção dos sistemas automatizados durante as campanhas de produção. Durante os períodos de parada de funcionamento das instalações, quando, por exemplo, era necessário, entre dois processos de produção com diferentes compostos químicos, proceder à raspagem e limpeza das paredes das autoclaves, essas tarefas implicavam riscos de intoxicação respiratória e afecções cutâneas muito mais importantes do que durante o período de produção. Como o orçamento alocado para as equipes da casa na contratação das empresas em reservar as tarefas menos exigentes fisicamente e menos perigosas no que diz respeito ao risco de intoxicaçãoem reservar as tarefas menos exigentes fisicamente e menos perigosas no que diz respeito ao risco de intoxicação. Quando ocorria uma pane, e fazia-se necessária uma intervenção durante o processo produtivo em máquinas instaladas em atmosferas confinadas a altas temperaturas e com forte saturação de produtos químicos, era então prática usual telefonar para chamar "o árabe de plantão". No interior da fábrica ocorria uma divisão francamente discriminatória dos riscos. Os operários da empresa contratante, é importante frisá-lo, eram todos, ou quase, membros das duas principais federações sindicais nacionais dos empregados da indústria química.

Situações desse tipo mostram que a atividade deôntica pode incentivar a criação de fortes laços de solidariedade no âmbito das equipes. No entanto, essa solidariedade destinada inicialmente à luta contra as injustiças vindas de cima permite também redistribuir a injustiça para baixo. A cooperação, mesmo que ela cultive o entendimento, não está axiologicamente acima de qualquer suspeição. Seria possível compreender em que condições a deontologia do fazer pode atuar em benefício do "mundo" ou, ao contrário, pender, em algumas situações extremas, para o partido da injustiça, colocando-se ao serviço da barbárie? Responderemos a esse questionamento após um desvio obrigatório por alguns elos intermediários da cooperação que não analisamos ainda, em particular os lugares reservados à renúncia individual e à autoridade.

Os limites axiológicos do reconhecimento

Qualquer que seja a vetorização política da cooperação, a implicação individual na atividade deôntica se constitui em um risco pessoal (revelar "trapaças" e correr o risco de ser punido) ou, de maneira mais trivial, revelar o seu *modus operandi* e constatar, na sequência, que seus achados foram simplesmente furtados (ameaças, desafios estratégicos), ou ainda ser obrigado a se justificar sobre seu distanciamento em relação às prescrições. Se a maioria dos trabalhadores se presta a essa provação, é porquanto em troca da *contribuição* considerável a que oferecem à organização do trabalho (ao *elaborar* coletivamente respostas ajustadas à discrepância entre a organização prescrita - a coordenação - e a organização efetiva - a cooperação) eles esperam uma *retribuição* que se constitui numa forma essencial do *reconhecimento*. O preço a ser pago pelo reconhecimento e pelas três provas de julgamento que constituem o julgamento de utilidade e os dois julgamentos de beleza (conformidade com as regras da arte do ofício e originalidade de estilo nas soluções), deve-se ao fato de que com o reconhecimento são obtidas preciosas gratificações no registro da identidade: pertencimento a um coletivo ou a uma comunidade, de um lado, identidade singular, de outro.

Assim, a participação ativa no coletivo e nas cooperações horizontais e verticais contém uma promessa: a de poder servir-se da experiência do trabalho como mediação para construir a sua identidade, ou seja, para ampliar a robustez psíquica vis-à-vis as doenças mentais, e mesmo para realizar-se no campo social.

Deve-se levar a sério a possibilidade de inscrever a relação com o trabalho como mediadora na construção da saúde e, em decorrência, como meio extremamente importante de afastar a angústia, o ressentimento e a violência, que são contrapartidas ordinárias do sofrimento identitário.[5]

No entanto, a celebração da relação subjetiva com o trabalho - no que diz respeito à identidade - não poderia dispensar o exame de seus limites. Os filósofos, mais do que os psiquiatras, apontam que a luta pela identidade é marcada pela ambiguidade. Com relação à identidade, o psicopatologista situa-se em uma posição axiologicamente neutra pois, para ele, a identidade não é um valor em si; ela é apenas vital. A identidade insuficientemente

5 Axel Honneth. "Aneignung von Freiheit. Freuds Konzeption der individuellen Selbstbeziehung". In Axel Honneth. *Pathologien der Vernunft. Geschichte und Gegenwart der kritischen Theorie*. Frankfurt a/Main: Suhrkamp, 2007; tradução francesa "S'approprier sa liberté. La conception freudienne de la relation individuelle à soi". In Axel Honneth. *Les pathologies de la raison*. Paris: Gallimard, 2009.

fundada é antes a porta aberta para a doença mental, o que pode ser considerado como um infortúnio. Para o filósofo, contudo, a luta pela identidade é uma das dimensões da luta pela vida ou pela sobrevivência, no sentido que Hannah Arendt dá a esse termo.[6] Assim, a luta pela identidade e pela vida, opondo-se tendencialmente à ação, é axiologicamente suspeita.

Efetivamente as relações entre identidade e autonomia nem de longe são unívocas. É certo que uma identidade insuficientemente consolidada não oferece a autonomia necessária.[7] Mas o reconhecimento não dá qualquer garantia de direcionar o sujeito rumo à autonomia. Em certos casos, ao contrário, o reconhecimento funciona como uma armadilha: o sujeito se torna cada vez mais preso ao reconhecimento que dele beneficia, mesmo que esse reconhecimento seja inerente ao seu trabalho. Aqui, o processo de apropriação pessoal do reconhecimento não funciona ou não funciona bem: enquanto o reconhecimento estiver no encontro do trabalho conjunto, a identidade parece estável e, o sujeito preserva a sua saúde mental. Basta retirar-lhe esse reconhecimento, por um simples remanejamento da organização do trabalho (por exemplo: "mudança de estrutura", reorganização gerencial, entre outras), de uma crise do coletivo ou ainda de sofrer uma ameaça de isolamento (ser colocado na geladeira) ou, ainda, de demissão... e sua saúde mental é tão logo colocada em causa. A descompensação se configura, a depressão, a síndrome da perseguição estão à espreita, a tentativa de suicídio não fica de todo excluída.

6 Hannah Arendt. *Qu'est-ce que la politique?*. Paris: Seuil, 1995, pp. 12, 61 e 71.

7 Marlène Jouan. "Les limites de l'expression de soi chez Harry Frankfurt. Une lecture de *La vie des autres*". In Marlène Jouan & Sandra Laugier. *Comment penser l'autonomie? Entre compétences et dépendances*. Paris: Presses Universitaires de France, 2009; Harry G. Frankfurt. "Freedom of the will and the concept of a person". In: *The Journal of Philosophy*, n. 68, 1971, pp. 5-20; tradução francesa in Marc Neuberg. *Théorie de l'action*. Liège: Mardaga, 1991, pp. 253-269; e in Marlène Jouan. *Psychologie morale. Autonomie, responsabilité et rationalité pratique*. Paris: Vrin, 2008, pp. 79-102.

Ainda que sem atingir esse extremo das formas de descompensação, parece que, enquanto a apropriação pessoal do reconhecimento não estiver consolidada, a *luta pela identidade atesta essencialmente uma vulnerabilidade* que se opõe à autonomia. Vulnerabilidade que se traduz por uma tendência oportunista, até mesmo por uma submissão, por medo de perder o reconhecimento do qual o sujeito não pode abrir mão, sob pena de perder sua integridade psíquica. É o que Honneth tratou sob uma perspectiva bastante particular em um complexo texto de 1992: "Anerkennung als ideologie" ("O reconhecimento como ideologia").

O medo da solidão

Chegamos à beira de um espaço clínico particularmente perturbador: o da *psicopatologia da solidão.*

O medo da solidão é aqui o medo de se encontrar privado de reconhecimento. Essa situação é perigosa no plano psicológico para todo ser humano. E não se trata de uma situação excepcional. É o caso de todos aqueles que estão privados de um emprego, dos que são lançados ao ostracismo ou que são discriminados, das vítimas do racismo, da injustiça, da humilhação, do desprezo, é o caso de todos os que se encontram em uma posição de *pária*, os privados precisamente de pertencimento e sobretudo de solidariedade. O medo da solidão é compreensível e justificado. Mas a impossibilidade de lidar com essa solidão e de suportar a privação de reconhecimento é também uma vulnerabilidade que pode tornar o indivíduo um vassalo, um ser submisso e um oportunista prestes a trair o sentido moral e os valores para evitar a desestabilização psíquica e o medo. O medo da solidão, é necessário avaliar suas consequências morais e políticas: ele pode ser o principal propulsor psíquico da servidão voluntária e da disposição em participar do mal.[8]

A dificuldade aqui sentida pelo clínico do trabalho – a mesma, por sinal, do que a do filósofo, ao que me parece – é de situar o que o reconhecimento, quando ele estiver de fato no ponto de confluência das expectativas, pode mascarar a fragilidade de uma identidade e a vulnerabilidade de um sujeito no que diz respeito à sua propensão à servidão voluntária, ou mesmo à submissão.[9] Pois aquele que goza do reconhecimento rapidamente adota o tom acima no discurso e impõe aos demais uma personalidade forte e um ser dotado de autonomia subjetiva. Por trás do orador e daquele que é visto e considerado pelos outros como herói, há muitas vezes uma identidade frágil que se mantém de pé *unicamente* pelo reconhecimento, não pela autonomia; uma identidade prestes a abrir espaço à mais medíocre das servidões. Por trás do *pater familias* e de seu autoritarismo há, muitas vezes, um vil covarde logo revelado pela reviravolta de uma situação digna de uma ópera bufa, isso no cenário bem conhecido da empregada-amante (uma variante, de alguma forma, da dramaturgia de Hegel, segundo Kojève).

No entanto, essas reservas necessárias quanto ao valor axiológico do reconhecimento não devem jogar ralo abaixo os verdadeiros benefícios que podem proporcionar. De reconhecimento em reconhecimento, alguns sujeitos evoluem rumo à autonomia. Sua identidade se enriquece, a apropriação de cada etapa vencida ao longo de uma vida de trabalho traduz-se, ao final, por uma verdadeira capitalização. Graças ao trabalho o sujeito evolui: trabalhar então não é apenas produzir, é também transformar-se e

---

8 Tristan Dagron. "Amitié, avarice et lien social chez La Boétie. Les paradoxes de la servitude volontaire". In: La Boétie. *Le discours de la servitude volontaire*. Paris: Vrin, 2002.

9 Éric Hamraoui. "Servitude volontaire: L'analyse philosophique peut-elle éclairer la recherche pratique du clinicien?". In: *Travailler*, n. 13, 2005.

realizar-se como ser autônomo. A relação subjetiva com o trabalho inscreve-se como processo de amadurecimento *stricto sensu*.

O filósofo, para distinguir a identidade dependente do reconhecimento e a identidade autônoma, opõe dois termos: a primeira ele nomeia simplesmente *identidade*, enquanto para a segunda ele abre um campo específico da *ipseidade*, ou seja, uma identidade onde se conjugam o sujeito psicológico e o sujeito moral dotado de autonomia subjetiva.

Mas, ao contrário do filósofo, o psicopatologista não pode cultivar alguma condescendência quanto à identidade, pois a clínica ensina que não há ipseidade sem que antes tenha sido vencida a luta pela identidade.

Que conclusão tirar dessa análise sobre os limites axiológicos do reconhecimento? Que uma política de organização do trabalho, racional no *plano axiológico*, deveria de início dar-se como objetivo assegurar as condições propícias ao reconhecimento do fazer, porque este último é a condição *sine qua non* de inscrição da relação com o trabalho na construção e na proteção da saúde mental. Isso constitui um objetivo em si na ordem da vida cotidiana. Mas no plano *político* ele é insuficiente, pois não oferece a segurança necessária contra o "reconhecimento-armadilha", ou seja o reconhecimento preso à dependência e que dissimula o medo da solidão que é também o fermento do oportunismo, da servidão voluntária, e até mesmo do servilismo. E se a cooperação está apoiada no servilismo, as condições tornam-se propícias para situar a cooperação e a solidariedade no terreno da vileza, até colocá-las a serviço da banalização do mal. Uma política racional em matéria de organização do trabalho implica fixar objetivos complementares, muito particularmente a articulação do espaço de deliberação interno à organização do trabalho para uma "política da vida", agora entendida não como vida tal como se afigura na "lutar pela vida", ou pelo reconhecimento, mas a vida no sentido da vida subjetiva e absoluta, tal como é analisada pela fenomenologia material, tema que abordaremos adiante.

A questão da renúncia

O espaço necessário à discussão da renúncia nas relações entre cooperação e política (no sentido de amor do mundo) apareceu apenas recentemente. O ponto de saída da reflexão está em um comunicado de Joseph Ludin à Associação Psicanalítica da França (APF) de 1998, sobre as relações entre sublimação e renúncia pulsional (*Triebverzicht*). A pesquisa sistemática sobre o conceito de renúncia empreendida na sequência por Élisabeth Klein[10] tem como referência literária as questões relativas ao narcisismo, de um lado, ao sentido moral, de outro. Ao retomar as análises de Jean Laplanche sobre as instâncias morais - o Eu, o ideal do Eu e o Super-eu –, é possível mostrar que não há na obra de Freud teoria ou metapsicologia do "sentido moral" (nem da consciência moral). Freud teoriza, na essência, a culpabilidade. Mas essa não pode ser considerada como um equivalente do sentido moral. Ela constitui antes o centro de uma teoria dos "sentimentos morais", sobre a qual seria necessário articular a vergonha e a necessidade de punição e mesmo de censura:

> *[...] explorar o campo da moral e [...] perguntar o que a psicanálise pode dizer a respeito. A psicanálise nos fala*

10 Élisabeth Klein. *Le concept de renoncement et le travail de culture dans l'oeuvre de Freud*. Paris: Conservatoire National des Arts et Métiers (Cnam), 2006, tese de doutorado em psicologia.

> *do impacto subjetivo da moral, por conseguinte do fator maior do recalque. Para que haja recalque, é necessário que haja conflito e desprazer. E este problema do desprazer, questão do ressentimento, do afeto, leva-nos ao problema do sentimento moral: aspecto pelo qual, a partir de bom número de filósofos mas também com os psicanalistas, pode-se subsumir toda a questão da moral. O sentimento moral, para a psicanálise, não é o respeito, nem a reverência, menos ainda a aspiração, é a culpabilidade e seu ressentimento subjetivo, o "sentimento de culpa".*[11]

Laplanche, que discute longamente a natureza pulsional do Super-eu apoiando-se em estudo profundo da neurose obsessiva e da melancolia,[12] conclui: "A questão de um Super-eu erótico agressivo, sádico no sentido libidinal do termo, não pode ser eludida..."[13]

É certo que a crueldade do Super-eu evocada por Freud acerca da melancolia e, de maneira mais ampla, o sentimento de culpabilidade e a necessidade de punição são bem pouco morais. São sim neuróticos, ou psicóticos, estão no princípio mesmo da psicopatologia, ou seja, da derrota do pensamento (moral) diante da insistência, da potência e da incoercibilidade das perseguições e crueldades morais – das quais se deveria dizer que são sobretudo imorais – infligidas ao Eu.

É pelo fato de as instâncias morais serem perpassadas pelo pulsional que são moralmente suspeitas... de ser, como o sexual, amorais.

---

11 Jean Laplanche. *Problématiques* I. Paris: Presses Universitaires de France, 1980, p. 268, destaques de J. Laplanche.

12 Jean Laplanche. *Problématiques* I, op. cit., pp. 350-363.

13 Idem, p. 361.

Esta é a razão pela qual a ideia de que o senso moral advém logicamente – desde que seja possível uma leitura psicanalítica desse sentido – proceda de uma fonte outra que as instâncias e os sentimentos morais. Outros argumentos vão neste sentido: os sentimentos de culpabilidade e de vergonha, em sua essência psiconeuróticos, atestam a persistência, sob uma forma deletéria, das angústias infantis diante da excitação pulsional em conflito com as ameaças proferidas, e mesmo com as punições infligidas à criança pelos adultos. De sorte que se pelo senso moral busca-se caracterizar o que está no âmago do pensamento livre e crítico e o que está no princípio da autonomia, forçoso é admitir que o dito senso moral só possa constituir-se libertando-se a um só tempo tanto das instâncias morais como dos sentimentos morais que são mais ou menos transferidos aos adultos a partir da neurose infantil:

> *Se ele perde o amor do outro, do qual depende, deixa também de estar protegido contra toda sorte de perigo, expondo-se ao perigo de ver este outro todo poderoso lhe demonstrar sua superioridade sob a forma de punição. O mal assim está no princípio que se apresenta como a perda de amor; pela angústia desta perda, é necessário evitar o mal.*[14]

A autonomia moral subjetiva, assim, só pode repousar nos fundamentos cujos traços foram obtidos por um afastamento significativo em relação ao pulsional e ao sexual. É o que exatamente conota a noção de *renúncia pulsional: Triebverzicht.*

Esta ideia não está ausente do texto freudiano, embora desempenhe tão só um papel marginal e, que Freud e seus sucessores não empreenderam verdadeiramente como caminho teórico.

---

14 Sigmund Freud. *Malaise dans la culture*, op. cit., p. 31.[d]

> *Surge afinal uma ideia que é integralmente própria à psicanálise e alheia ao modo de pensar habitual dos homens. Ela é de natureza a fazer-nos compreender como o objeto de estudo deveria parecer tão confuso e opaco. Ela diz: no início a consciência moral (mais precisamente a angústia que depois se torna consciência moral) é com certeza causa da renúncia pulsional, mas depois a relação se inverte. Toda renúncia pulsional torna-se então uma fonte dinâmica da consciência moral, toda nova renúncia aumenta o rigor e a intolerância desta, e se pudéssemos harmonizar melhor isso com a gênese da consciência moral, tal como a conhecemos, seríamos tentados a proferir essa tese paradoxal: "a consciência moral é a consequência da renúncia pulsional; ou então: a renúncia pulsional que nos é imposta do exterior cria a consciência moral, a qual exige então nova renúncia pulsional".*[15]

Todavia Freud não seguiria por essa via para a qual ofereceu uma formulação precisa. Ao contrário, a partir do parágrafo que segue esse excerto, ele volta à sua versão anterior de equivalência entre consciência moral e Super-eu. É no entanto, essa via que explorou com precisão Élisabeth Klein.[16] Se a renúncia está no fundamento do sentido moral, surge inevitavelmente o tema dos propulsores da própria renúncia. Élisabeth Klein responde expondo de um lado a recusa (*Versagung*), do outro o trabalho psíquico (*Arbeit*) no sentido da elaboração produzida sob a pressão da *exigência de trabalho imposta ao psiquismo pela recusa.*

15 Sigmund Freud. *Malaise dans la culture*, op. cit., pp. 315-316.[e]

16 Élisabeth Klein. *Le concept de renoncement*, op. cit.

Renúncia e organização do trabalho

Em que sentido pode a renúncia participar da cooperação? Se ela participasse de fato, poderíamos então traçar a via permitindo a coesão da deontologia do fazer – a ética propriamente dita, no sentido que Michel Henry imprime a esse termo – e da política da vida.

Ora, a renúncia pode ser uma exigência interna à cooperação *stricto sensu*. Nós já o assinalamos em diferentes oportunidades: se todas as inteligências individuais, todas as engenhosidades, todas as genialidades seguissem livres seus diferentes cursos, não haveria obra comum possível, porque as genialidades, pelo simples fato da alta singularidade que caracteriza cada uma, têm um poder considerável de divergência e de desorganização, de criação de desordem. A inteligência astuciosa exige sim certa discrição, de maneira que as divergências que nascem das singularidades, de uma parte, segredo sobre os modos operatórios efetivos, de outra, são incompatíveis com a cooperação.

Essa é por sinal a função de referência da coordenação (ou seja, da organização do trabalho prescrita), a de ordenar a *limitação dos poder-fazer* de cada indivíduo, para preservar apenas o que é compatível com o trabalho de todos, com o que cria compatibilidades entre os saber-fazer. Essa questão foi aprofundada por Nicolas Dodier a propósito da solidariedade técnica, em outros termos, da busca e do aperfeiçoamento das compatibilidades entre instâncias no interior de uma organização.

Mas o que é especificamente visado aqui não diz tanto respeito aos objetos técnicos mas sim à compatibilidade entre os trabalhadores de uma equipe ou de um coletivo.

A injunção a limitar os poder-fazer é fácil de proferir. Sua operacionalização submete, contudo, os membros de um coletivo a uma das mais difíceis provações psicológicas do viver no trabalho. A saber: estar capacitado a autolimitar-se, a restringir voluntariamente suas habilidades, a controlar sua inteligência para que cada um possa encontrar o seu espaço por inteiro no coletivo e trazer sua contribuição singular à cooperação. É por isso que para obter um determinado cromatismo de uma orquestra ou de um coral, é necessário que os instrumentistas ou coristas encontrem um compromisso entre dar o melhor de si, por um lado, limitar-se em sua intensidade sonora ou vocal, ou na velocidade ou virtuosismo, por outro, para alcançar a unidade sonora almejada. Não podem todos ser solistas a um só tempo, e uma orquestra não pode ser a soma de solistas tocando cada qual com todo ímpeto de seu talento.

O mesmo ocorre em um laboratório de pesquisa: é necessário que os mais talentosos e os mais eruditos aceitem limitar as suas intervenções e não imponham todo o seu peso nas discussões, isso para que os jovens pesquisadores, os menos familiarizados com o tema, mas talentosos, possam contribuir com a sua juventude e a impertinência das ideias de sua geração, que jorram soltas para a construção da obra coletiva. O mesmo ocorre em uma equipe de cuidados psiquiátricos, mesmo que nem todos tenham o mesmo estatuto (tal como em uma orquestra, onde há o lugar específico do *spalla* e dos demais músicos, ou em um laboratório de pesquisa, onde há diferentes categorias de pesquisadores e de atribuições), é essencial que um enfermeiro (mesmo sabendo-se que se trata de um profissional de grande eficiência) saiba conter o seu entusiasmo ao cuidar de um doente difícil para não desestabilizar a relação já precária entre esse doente e outro enfermeiro, uma vez que uma atuação em sentido oposto poderia desqualificar este último. O mesmo ocorre em um canteiro de obra, onde cada um deve saber, em determinadas circunstâncias, limitar seu desempenho para não prejudicar e desorganizar o trabalho dos demais operários, menos habilidosos ou mais velhos.

A questão da renúncia não diz respeito apenas às relações entre colegas do mesmo nível. Quando a autoridade de um chefe está estabelecida sobre o reconhecimento pelos subordinados de suas competências técnicas, é por vezes doloroso para esse chefe não intervir continuamente para a correção dos erros de seus subordinados, por causa de suas imperícias, da lentidão ou, o que é pior, para fazer o trabalho no lugar dos subalternos. Além da humilhação imposta, a incapacidade do superior hierárquico em autolimitar-se leva a uma ampliação das dificuldades encontradas pelos subordinados, que se anulam diante do chefe, ou, com receio de não dar satisfação e ser censurados, entram em um estado de paralisia progressiva antes de se desengajar, com desgosto e ressentimento.

A renúncia é assim convocada de alguma maneira pela coordenação de um coletivo, mas sob a forma de autolimitação de si e de sua inteligência. A autolimitação está do lado do prescrito. O que implica no plano intrapsíquico uma injunção à autolimitação é outra coisa, de maneira tão conflituosa que ela se opõe a outra prescrição invariavelmente presente: a de dar tudo de sua inteligência, ir fundo, ou seja, neste caso, fazer prova de zelo. Zelo e autolimitação são duas injunções contraditórias. Prazer no trabalho e renúncia são duas orientações anímicas ou psíquicas de conciliação muito difícil.

Retransmitir na esfera intrapsíquica as injunções complexas da coordenação é uma *condição anterior* à implicação de um indivíduo em uma cooperação não apenas direcionada para a harmonia, mas ainda procurando honrar a vida.

A renúncia, realmente, caracteriza-se por três dimensões essenciais:

- ela está atrelada ao conhecimento da subjetividade do outro;
- ela pertence à mobilização de uma virtude intelectual; e

- ela é abertura para a sublimação no sentido restrito do termo.

A renúncia está associada ao conhecimento da subjetividade do outro

A renúncia – que a rigor é intrapsíquica uma vez que se reporta à pulsão – sustenta-se tão só pelo conhecimento e reconhecimento das aspirações dos outros no coletivo a mobilizar suas próprias inteligências, a gozar do prazer de trabalhar e a proporcionar uma contribuição à obra comum. O deslocamento da economia egocêntrica em direção à oblatividade é altamente problemático. Ele só pode ser pensado se a *reivindicação identitária puder ser colocada em um segundo plano*, o que só é possível se a identidade estiver estabelecida em bases suficientemente sólidas para não necessitar a cada momento de confirmação mediante o olhar do outro. Nesse caso, o sacrifício da pulsão (*Triebopfer*) ou a renúncia à pulsão (*Tiebverzicht*) não constitui uma ameaça para a perenidade da saúde mental. É nesse sentido que convém atribuir todo o seu valor à ideia rousseauniana de "piedade".[17] O amor do outro sobrevem da superabundância do amor de si. Na ausência dessa condição, a renúncia é impossível, pois o espaço psíquico é então ocupado pela inveja, pelo ciúme, pela rivalidade, pelo ódio do outro.

A renúncia pertence à mobilização de uma virtude intelectual

A consideração das aspirações do outro, a ponto de sacrificar parte de suas próprias aspirações pessoais e de seu próprio prazer,

---

17 Paul Audi. *Rousseau, éthique et passion*. Paris: Presses Universitaires de France, 1997.

opõe-se ao desígnio *pulsional*. Ela não pode assim ser do âmbito inconsciente sexual ou do desejo erótico. A renúncia só pode anunciar-se ao sujeito através do pensamento cuja construção lógica escapa à negligência ou ao esquecimento se, e somente se, ele for objeto de um investimento pulsional específico, fincado na cognição. É da capacidade de tolerar esse conflito entre a excitação de se "esbaldar" em um trabalho de que gostamos muito e a análise intelectual da autolimitação que implica o respeito à situação do outro que depende, em suma, a possibilidade de levar a bom termo o trabalho psíquico (*Arbeit*) da renúncia. Esse trabalho psíquico, extremamente custoso no plano da economia psíquica, passa por um circuito complexo que vai desde a colocação em latência do pensamento até sua perlaboração pelo sonho, como o vimos no capítulo 8 do tomo I.

A renúncia é abertura para a sublimação, no sentido restrito do termo

A renúncia bem-sucedida traduz-se inicialmente pela revelação da subjetividade do outro para si, seguida pela ampliação da estima de si no sentido rigoroso que reveste essa noção em filosofia moral. Em outros termos: a renúncia abre para a aproximação entre o amor de si e o ideal do Eu, ou seja, para uma ampliação do narcisismo, não apenas como amor para o Eu mas também como amor do ser humano do homem. Na medida em que ela abre o caminho à celebração de valores vinculados à vida subjetiva e sobretudo às condições intersubjetivas da vida subjetiva, a renúncia é condição da sublimação no sentido estrito, quer dizer que ela oferece, em troca do sacrifício de uma parte de si, o acesso à dimensão cultural da universalidade.

A renúncia pulsional, enquanto que retomada em nível individual - do Eu - da injunção organizacional e coletiva da autolimitação, é aquilo mediante o que a cooperação - ao catalisar o remanejamento dos investimentos pulsionais em benefício do entusiasmo de estar participando de uma obra coletiva - abre caminho indicando potencialmente o "amor do mundo".

Considerar a psicodinâmica da renúncia como réplica, no plano intrapsíquico, do desejo coletivo de cooperar sugere que a *emancipação*, desde que ela dependa de um desempenho em âmbito individual, é fundamentalmente solidária com o coletivo de trabalho e sua implicação em uma obra coletiva.

Quando a participação na realização da obra comum gera o entusiasmo, como na criação de um espetáculo, ou na ação de salvamento de sobreviventes, a obra comum desempenha um papel de mediação extraordinário nas relações entre pares, esconjurando a rivalidade entre irmãos e seus desdobramentos, mas também permutando o sexual pelo trabalho. O trabalho e a cooperação, mais do que o amor e a libido, podem situar-se no princípio das ligações que unem os humanos em um mundo comum, isso a partir do instante em que a renúncia ao gozo do sexual ceder espaço ao prazer do poder trabalhar junto.

Notas do tradutor

a Sigmund Freud. *O mal-estar na civilização*. In: Sigmund Freud, Obras completas, Vol. 18. São Paulo: Companhia das Letras, 2010 [1930], p. 36, nota 8.

b Idem, pp. 77-78.

c Ibidem, p. 81.

d Ibidem, p. 94.

e Ibidem, p. 99.

5. A cooperação vertical e a questão da autoridade[1]

Coletivo e autoridade

Vimos, a propósito da atividade deôntica, que para construir regras de trabalho ou de ofício é necessário que se estabeleçam acordos entre os membros de um coletivo ou de uma equipe. Mas a deliberação coletiva é antes orientada para a desordem, para a desunião, para os questionamentos, para as divergências, entre outras desavenças mais. Em suma – e essa é a razão pela qual a deliberação coletiva é temida pelos dirigentes –, ela detém um poder potencial de desestabilização do existente, uma força real de desagregação tanto da cooperação como do coletivo.

A desagregação consubstancial à deliberação exige, assim, um movimento de compensação inverso, de ligação, por parte daqueles mesmos que se empenham pela perenidade do coletivo e desejam prosseguir com a sua cooperação. Se, idealmente, os

1 Este capítulo retoma, em sua essência, meu texto: "Entre égalités individuelles et coopération collective: La question de l'autorité". In: Marlène Jouan & Sandra Laugier. *Comment penser l'autonomie? Entre compétences et dépendances*. Paris: Presses Universitaires de France, 2009, pp. 291-318.

acordos entre os membros de um coletivo podem ser obtidos por consenso, isso está longe de ser uma regra. Na prática, revela-se impossível prosseguir o debate e o ritual da deliberação coletiva o tempo necessário para a obtenção de um consenso. E, no caso do consenso não obtido, uma organização de trabalho estaria ameaçada de fracasso, caso não houvesse, para superar a dissensão, a possibilidade de recorrer à *arbitragem* (cf. o capítulo 3 *supra*).

A arbitragem – ou a decisão – é racional se for efetivamente proferida com referência à deliberação coletiva. Ela é estruturante para o coletivo e para a cooperação se, e somente se, aquele que a sentencia se coloca como fiador de suas consequências, sejam elas favoráveis, sejam desfavoráveis.

A qualidade do trabalho de um chefe está diretamente vinculada à sua capacidade arbitral. Procede de sua habilidade em assumir, *ao longo do tempo*, ante seus subordinados, a responsabilidade por suas decisões e suas consequências. Uma vez que existe uma vontade coletiva de agir junto e de cooperar, são os autores da deliberação e do confronto das opiniões que têm, com maior frequência, necessidade da arbitragem e que a reclamam, de maneira que um termo seja interposto a uma discussão que não tinha mais como se prolongar e torna-se estéril.

Surge aqui uma dificuldade: na deliberação coletiva, o chefe acaba por engajar-se, como os seus subordinados, expondo-se ao risco de equiparação, ou seja, de tornar-se apenas uma voz a mais, com o mesmo peso da voz de todos os demais, e entrar assim com os seus subordinados em uma relação de igualdade.

Para estar em posição de árbitro, a voz do chefe deve ter uma argumentação que lhe confira um estatuto diferenciado dos demais, dos iguais; um "adicional" que faça dessa voz uma voz superior à dos outros. Esse "adicional", esse suplemento é a *autoridade*.

Importante admitir: todo sujeito que pretende envolver-se em um coletivo, em ligações de cooperação ou em parceria de realização de uma obra coletiva, só está coerente com o seu querer se reconhece a utilidade – mesmo a necessidade – de uma autoridade cuja função consiste em arbitrar. Arbitrar e não exercer o poder. Pois arbitrar é trabalhar, uma vez que a arbitragem só é racional se alimentada – e fundada – pelo exercício de uma aptidão a ouvir os outros, uma vocação a compor. A "escuta arriscada" enquadra-se por inteiro na ordem técnica e está inscrita em um trabalho. A capacidade de escutar e de compor constitui a pedra fundamental sobre a qual se constrói a autoridade, isto é, um saber-fazer específico. Mas é fácil entender que essa aptidão à escuta seja indissociável de uma competência fundada na *experiência do "trabalhar"* ou ainda, sobre o conhecimento das atividades dos membros do coletivo que participam da deliberação coletiva. Pois o reconhecimento pressupõe o conhecimento do que deve ser reconhecido. Quando um chefe, além de sua aptidão para a escuta e decisão, pode mostrar suas competências técnicas no domínio em que seus subordinados operam, então sua autoridade é *aceitável* para esses. Além disso, ele aportar sua ajuda e sua experiência a um subordinado que enfrenta dificuldades ou que está hesitante com relação a o que fazer, então a autoridade é, mais do que aceita, ela é reconhecida (em itálico) pelos seus subordinados. Quando, por fim, a superioridade técnica, intelectual ou humana do chefe é confirmada, a autoridade é mesmo *sustentada* pelos subordinados (desde que não leve, por falta de capacidade do chefe à renúncia, à desqualificação por comparação dos subalternos, como mostrado no capítulo 3 deste tomo).

Autoridade e desigualdade

A autoridade *fundada na competência profissional* é um meio importante de ampliação da harmonia e do poder de ação do coletivo de trabalho. Ela se distingue da autoridade *outorgada por estatuto* no sentido de que essa última é assentida de cima, enquanto a autoridade fundada na competência (a oferecer ajuda) é conferida de baixo. "A autoridade – escreve Myriam Revault d'Allonnes – é essa modalidade ou essa propriedade do poder que lhe confere sua própria legitimidade".[2] Em todas as suas variantes ela "autoriza seu caráter necessariamente hierárquico". E, mais adiante, apoiando-se em Gadamer, ela precisa:

> *Para Gadamer, o fundamento último da autoridade reside em um ato de "aceitação e de reconhecimento" e não em um ato de "submissão e de abdicação da razão".*[3]

> *Reconhecemos que o outro nos é superior em julgamento e em perspicácia, que seu julgamento está à frente do nosso, tem preeminência sobre o nosso. Ainda, a autoridade não é propriamente concedida, mas conquistada e deve necessariamente ser obtida por qualquer um que a pretenda. Ela repousa em um ato da própria razão que, consciente de seus limites, atribui a outro uma maior perspicácia. Assim compreendida em seu verdadeiro sentido, a autoridade nada tem que ver com a obediência cega a uma ordem proferida. Não, a*

---

2 Myriam Revault d'Allonnes. *Le pouvoir des commencements. Essai sur l'autorité*. Paris: Seuil, 2006.

3 Myriam Revault d'Allonnes, op. cit., p. 25.

> *autoridade não tem qualquer relação com a obediência: ela repousa no reconhecimento.*[4]

A autoridade é uma noção difícil de ser trabalhada porque antes de mais nada, diz respeito a uma relação de *desigualdade*. A dificuldade está no fato de compartilharmos certo ideal de igualdade entre os seres humanos. Ademais, não é difícil constatar a efetiva desigualdade entre os humanos. Ela é biológica, tanto quanto social e política. A igualdade pode nem ser um objetivo racional. Ela não existe e, dar-lhe essência ou hipostasiá-la constitui um contrassenso teórico. A equidade e a justiça têm por objetivo a compensação – ou a atenuação – dos efeitos nocivos, mas não o de vencer a desigualdade.

A Declaração Universal dos Direitos do Homem e do Cidadão afirma que "todos os seres humanos nascem livres e iguais em dignidade e em direito". O postulado antropológico da liberdade de nascimento não é confirmado pela clínica que sugere o contrário, que os seres humanos nascem dependentes e alienados (cf. tomo I, capítulo 5). Os seres humanos não nascem iguais, mas essencialmente desiguais física e socialmente. A Declaração é, neste ponto, menos peremptória uma vez que a igualdade invocada centra-se na dignidade e nos direitos, ou seja, centra-se no que que deveria ser reconhecido por todos com o intuito de compensar a desigualdade física e social que distingue de modo cruel os seres humanos. Já que desigualdade há, ela não é, em si, injusta. Ela simplesmente é! Que a desigualdade suscita enormes dificuldades médico-psicológicas, sociais e políticas, isso é patente. Mas ela pode também ser o ponto de partida para práticas específicas de correções coletivas e não apenas corrigida por compensações materiais. Em vez de simplesmente negá-la, pode-se tirar partido. Através da autoridade seria possível desenvolver práticas pelas quais a desigualdade pode

4 Hans Georg Gadamer. *Vérité et méthode*. Paris: Seuil, 1976, p. 118.

tornar-se aceitável, tolerável ou mesmo consentida. A autoridade de fato contém a ideia do consentimento, mas não necessariamente a da submissão daqueles sobre os quais ela é exercida.

A autoridade procede da desigualdade, mas pode, em determinadas circunstâncias, sublimar essa última. Ela implica então uma aliança que não repousa apenas na deliberação entre iguais, mas no reconhecimento do real do trabalho pelas diferentes partes que, juntas, devem compartilhar a experiência. A provação coletiva do real do trabalho é de natureza a contrabalançar os riscos de desvio arbitrário, sempre possível na autoridade. A autoridade não resolve o escândalo da desigualdade, apenas atenua as incidências deletérias no mundo humano e no mundo social. Como já foi anteriormente mencionado, nas relações de trabalho a autoridade efetiva não é tanto conferida pela hierarquia superior, mas de modo muito mais significativo, pelos subordinados. A autoridade começa a partir do momento em que um sujeito reconhece que outro sujeito apresenta aptidões ou qualidades superiores às suas para confrontar a resistência do real e que, em virtude de tais qualidades e aptidões, cabe-lhe um direito particular de comandar, decidir, ordenar ou governar os demais sujeitos que consentem.

A fase de encarnação da autoridade

Aqui o consentimento repousa, de modo ideal, sobre o *reconhecimento* de qualidades superiores. Mas as modalidades e o conteúdo desse reconhecimento devem ainda ser precisados. Pois este último não incide apenas, neste caso, sobre o fazer, os saber-fazer do chefe, ou seja, sobre a competência profissional. Se assim fosse, alcançaríamos tão só o reconhecimento das competências ou das prerrogativas particulares, mas isso não conferiria autoridade. A autoridade é performática. Ela necessita uma corporificação, uma *encarnação*. Necessita, no mínimo por intermitência, de *passar por um corpo vivo*. Mesmo a autoridade institucional não pode ser levada adiante sem que tenha, pelo menos em algum momento, de encarnar-se. Trata-se daquilo que se pode designar pela expressão "fase de encarnação" da autoridade (como na física se fala da fase sólida, da fase líquida ou da fase gasosa). Por quê? Porque aquele que reconhece uma autoridade corre o risco de se deixar levar por ela ao contribuir em ações nas quais engaja sua ipseidade (sujeito moral), sua identidade (sujeito físico) e sua integridade física (trabalho perigoso). Aquele que não se situar, em uma relação de autoridade, em um estado de submissão ou de alienação, deve, pois, pelo menos em algumas situações, colocar em causa a autoridade que ele reconhece até então, para *verificar a sua legitimidade*. Proporcionalmente ao risco que implica possibilidade de dano à integridade física e psíquica de um sujeito, o fato de reconhecer uma autoridade, o desafio lançado ao encontro dessa, autoridade, por uma pessoa viva para observar a sua legitimidade, passa por acareações periódicas que demandam a presença de adversários concretos, ou seja, acareações entre posições que se materializam em corpos (fase de encarnação da relação autoridade - consentimento). A autoridade reduzida a instituições ou a ideias não perdura. A autoridade invisível não existe. A defecção da autoridade, por sinal mal tolerada pelos subordinados que dela necessitam, começa pelo absenteísmo ou pela inacessibilidade da pessoa que supostamente deve exercê-la. O ponto crítico da autoridade é precisamente essa passagem obrigatória por um corpo vivo. Significa que a autoridade implica não apenas o reconhecimento de competências e de saber-fazer do chefe, mas o reconhecimento de alguém, um reconhecimento *ad hominem*. Trata-se, pois, na relação com a autoridade, de um reconhecimento no registro do ser e não apenas no registro do fazer, reconhecimento de uma superioridade que confere um poder ao outro, não tanto sobre o Eu e sim sobre o meu fazer e meu agir, mesmo sobre a limitação do meu fazer e do meu agir.

Autoridade e amor

Se a autoridade encarnada repousasse tão só no reconhecimento da superioridade de um *enquanto pessoa* pelos demais ou pelos subordinados, não haveria diferença fundamental entre autoridade e amor.

Aparecem aqui duas novas dificuldades: a primeira é o risco de *confusão* entre autoridade e amor; a segunda é o risco de deriva quanto à legitimidade da autoridade.

O risco de confusão

A relação com a autoridade corre o risco de degenerar em razão de sua fase de encarnação, precisamente. Reconhecer a superioridade da pessoa que encarna a autoridade pode facilmente produzir sentimentos da esfera do amor. Ora, há diferenças fundamentais que distinguem a autoridade e o amor: a primeira diz respeito ao campo do reconhecimento; a segunda, ao da sedução. A confusão, no entanto, é frequente. Nasce naquele que reconhece a autoridade no outro, mas com frequência também surge naquele que a exerce. Pois aquele que encarna a autoridade, pelo fato do caráter performático da autoridade, corre o risco, em cada situação em que sua autoridade é posta à prova, de perdê-la. O fato de exercer a autoridade não é uma sinecura, supõe assumir responsabilidade e correr o risco de fracassar, como em toda situação de trabalho e de cooperação. É a razão pela qual aquele que exerce a autoridade está constantemente propenso a buscar algo a mais, para aumentar e estabilizar o seu prestígio. Recorrer à sedução quando se tem o talento para tal permite, efetivamente, aumentar a autoridade e estabilizá-la, considerando que o amor também se caracteriza pela diferença com o desejo sexual, pela sua estabilidade.

A confusão entre autoridade e amor não apresentaria inconvenientes caso não escancarasse a porta da desmedida, cuja forma extrema é a fascinação e a submissão, que são formas deletérias da alienação.

Deve-se admitir aqui que a relação com a autoridade sempre traz consigo o risco da alienação em um polo, da usurpação no outro. Vindo de baixo, o risco consiste em substituir o reconhecimento pelo amor; vindo de cima, o risco consiste em substituir a legitimidade pela usurpação. A busca de ampliação, indissociável da dimensão performática da autoridade, pode encontrar outras vias mais idôneas do que a da sedução, do amor e da fascinação. A legitimidade e a usurpação opõem-se termo a termo, tal como a autoridade opõe-se à tirania. A usurpação se efetua durante a fase de encarnação da autoridade, quando o chefe se investe da autoridade e se identifica com ela; o exercício legítimo da autoridade exige, ao contrário, que mesmo na fase de encarnação o chefe mantenha firmemente a distância entre sua pessoa e a autoridade, da qual sabe ser tão só o depositário e não o criador.

O risco de deriva

Esse risco não decorre tanto do fato de o reconhecimento da autoridade poder pressupor uma convicção, mas porque esse reconhecimento, como todo reconhecimento, passar por um julgamento. O por isso implica a possibilidade de ser enganado e de enganar-se. O risco, como vimos, é de se deixar levar pela autoridade e participar de ações que normalmente teríamos receio, que estaríamos mesmo propensos a evitar ou a reprovar. Daí a exigência que vem também de baixo, de um reforço, de uma ampliação reiterada da autoridade, para encontrar como confirmar o julgamento inicial de reconhecimento e aceitar continuar a servir.

Recapitulemos: a autoridade provém, no início, da desigualdade real entre os humanos; ela supõe, em seguida, uma consciência dessa desigualdade; na sequência, supõe a avaliação racional de uma organização hierarquizada da vida social; e, por fim, o reconhecimento de uma superioridade da pessoa que, pelo menos por intermitência, encarna a autoridade. Enfim, a autoridade constantemente exige, para a recondução de sua legitimidade, o aporte de uma ampliação por conta da qual pode fazer a economia do constrangimento pela força e encontrar, portanto, os meios para a sua prorrogação. A ampliação em causa não provém do interior, tal como no caso da sedução e do fascínio. Ela só pode ser buscada no exterior, tanto por aquele que exerce a autoridade para estabilizar sua posição e assumir de maneira serena o estatuto que lhe é conferido na ordem da dominação, como por aquele que a reconhece mas que, não se deixando seduzir, necessita intermitentemente de provas para conferir legitimidade. Esta ampliação da autoridade leva aquele que deseja exercê-la a sair em sua busca no exterior. Ela pode seguramente lhe ser oferecida, presenteada, mas isso não é suficiente. Ele só encarnará a autoridade se for pessoalmente buscá-la e se conseguir confirmá-la.

A tradição como recurso contra a deriva

Esta ampliação da autoridade, Hannah Arendt a aponta sem rodeio,[5] é conferida de modo eletivo pela *tradição*, ou seja, pela inscrição de uma ação na continuidade de uma tradição.

A tradição é feita de um conjunto de pensamentos e costumes que deram prova de sua capacidade de perdurar em detrimento das mudanças, em detrimento do imprevisto e em detrimento da história, ou seja, de tudo o que tende a desestabilizá-la, a dissolvê-la, a torná-la caduca. Esse conjunto de pensamentos e costumes obriga ao respeito e ao reconhecimento porque sua duração traz algo em comum com a recondução e a transmissão da vida e do viver junto e, graças a isso precisamente, esses pensamentos e esses costumes geram a cultura.

Assim, a autoridade é o que permite uma orientação, uma saída ao escândalo da desigualdade abrindo-lhe a via em direção à cultura. A autoridade logra, em suma, realizar uma operação extraordinária: sublimar a desigualdade no âmbito do patrimônio cultural.

A encarnação da autoridade seria, pois, essa capacidade de um ser humano realizar a conjunção entre a cooperação vertical, fundada na desigualdade e a participação em um bem comum: honrar a cultura enquanto ela representa o que atenua os conflitos entre os seres humanos ao se engajar juntos em uma obra comum.

É no momento exato em que os conflitos se acentuam ou se agravam, que a autoridade, com poder de decidir, de ordenar e de punir, necessita de uma encarnação, ou seja, de uma concentração, de uma condensação em uma pessoa particular. A autoridade submete-se então a uma provação fundamental: se ela obtiver apoio

---

5 Hannah Arendt. "Qu'est-ce que l'autorité?". In: Hannah Arendt. *La crise de la culture*. Paris: Gallimard, 1972.

e reconhecimento, ela é confirmada ou mesmo ampliada. Se, em determinados momentos críticos, o reconhecimento do chefe por um número importante de liderados não for reconduzido, a autoridade estará arruinada. No ápice de um conflito, sempre há o risco de eclodir a violência, a menos que não desponte a possibilidade de uma alternativa representada por um sucessor.

O exercício com bons resultados da autoridade no comando repousa na capacidade do chefe em fazer valer, em tornar inteligíveis as relações entre as diretrizes ou as ordens, de um lado, a obra comum, de outro. Em outros termos: é o que no auge ou como resultado da cooperação inscreve a atividade de produção na cultura. A maneira como o chefe sustenta essa relação entre o trabalho cooperativo, a tradição e a cultura é o que justamente é capaz de manter, às vezes mesmo de gerar, o *entusiasmo* no âmbito do trabalho cooperativo, o *carisma* no contexto da autoridade.

Entre a autoridade e a tradição interpõe-se com frequência um elo intermediário. Em qualquer organização, na administração pública, ou numa empresa, esse elo toma a forma da instituição. Esta reúne as propriedades da estabilidade contidas na tradição e na cultura, bem como as especificidades dos objetivos concretos que se dá a organização na ordem da produção de uma obra comum. Esta é a razão de a autoridade de um chefe repousar em sua capacidade de fazer ascender os resultados da deontologia do fazer, dos consensos da equipe que dirige, das arbitragens que decidiu em matéria de cooperação, até o nível institucional. Quer dizer: quando, se apoiando nas contribuições de seus subordinados vis à organização do trabalho, a autoridade alcança sua validação e seu registro em nível institucional na organização em seu conjunto. Ou ainda: quando dá mostras, aos olhos de seus subordinados, de sua capacidade de dar curso à vontade desses últimos e de traduzir a expectativa deles até seu registro no nível da direção institucional.

No sentido inverso, como veremos em seguida, a autoridade do chefe repousa também em sua capacidade de levar e de traduzir a doutrina da empresa em termos inteligíveis para seus subordinados e para o departamento que ele dirige, em seu conjunto.

De sorte que, em resumo, a autoridade do chefe procede, em grande parte, de seu talento de fazer circular as expectativas tanto de baixo para cima como de cima para baixo; de fazer circular as expectativas não apenas em sua dimensão instrumental em referência à eficiência e à rentabilidade, mas sobretudo em sua dimensão axiológica e deôntica.

Autoridade, desigualdade e situação antropológica fundamental

A autoridade, dissemos, é um dispositivo que permite compensar os efeitos devastadores do ressentimento provocado pela desigualdade, nas ligações que unem entre si os seres humanos. Ora, a primeira desigualdade entre todas as demais é a condição do ser humano quando é criança. A desigualdade própria à situação antropológica fundamental, ou seja, a relação entre a criança e o adulto é o protótipo do que é tratado pela autoridade. Na teoria de Laplanche,[6] a desigualdade na "*situação antropológica fundamental*" não trata o que está aqui posto, mas tão só o que sobressai da sedução da criança pelo adulto, da mensagem, da tradutibilidade e do recalque, tal como o vimos em detalhe no capítulo 4 do tomo I.

Mas a desigualdade que abre o caminho da sedução pelo adulto não é de origem sexual, é de origem biológica e diz respeito aos constrangimentos de autoconservação e com a base comunicacional

6 Jean Laplanche. *Entre séduction et inspiration: L'homme*. Paris: Presses Universitaires de France, 1999.

inata que constitui a onda portadora de apego.[7] A montante da desigualdade diante da sedução há o apego e o "*retrieval*" (e mesmo o "cuidado"). Ora, no *retrieval* – em outros termos na resposta do adulto aos comportamentos de apego da criança (restituição)– há necessariamente algo que sobressai ao exercício de um poder, seja mesmo um poder de proteção.

Pois, na relação criança - adulto, o que se deve proteger prioritariamente é a vida biológica da criança. No caso em análise, são as condições que permitirão seu amadurecimento e desenvolvimento.

O adulto, para proteger a criança, recorre a proibições, limitações e punições. Segundo a teoria clássica do desenvolvimento genético em psicanálise, retomada por Gérard Mendel,[8] o propulsorfundamental do consentimento da criança seria a identificação. E a autoridade estaria reduzida, em essência, ao modelo do pai proposto para a identificação da criança. Isso está correto, mas essa concepção tem o inconveniente de levar a uma teoria da autoridade reduzida ao substrato infantil da identificação e da regressão. Chega-se então a uma concepção do tudo ou nada. Ou a obediência regressiva e infantil, ou então a emancipação desonerada da obediência e da autoridade. É o que leva Gérard Mendel a concluir que o único contrapeso para a autoridade é a democracia.

Parece-me que a proposição inversa seria mais pertinente: não há democracia possível sem autoridade. A autoridade permite limitar a violência entre os irmãos, entre os membros de um coletivo e, sem ela, não se vislumbra como conter essa violência senão

7 John Bowlby. *Attachment and loss*, Vol. 1 "Attachment"; tradução francesa: *Attachement et perte*, tomo I, "L'attachement". Paris: Presses Universitaires de France, 1978 [1969].

8 Gérard Mendel. *Une histoire de l'autorité: Permanences et variations*. Paris: La Découverte, 2002.

pela força, como o estipula Hobbes. Nos casos de consensos não alcançados, as diferenças tendem a inflar e a degenerar em violência.

A obediência, ao que me parece, é necessária à vida, subsumida ou não pela identificação. E ela se faz necessária ainda, mesmo que em menor medida, no mundo dos adultos, onde reina a desigualdade de fato. A comunidade dos iguais, que La Boétie e Montaigne retomam de Platão, é um ideal para o qual pode haver certo esforço para alcançar, mas não se pode pretender torná-lo um projeto no qual cabe todo mundo.

A obediência, por conseguinte, necessária à vida, é ambígua por não ser propulsionada por um consentimento esclarecido.[9]

9 *Autoridade*: respeitar ou obedecer! A questão pode ser colocada de maneira a saber o que convém escrever com relação à autoridade. Em muitos casos, é certo que se trata de respeitar a autoridade, o que não está afastado da ideia já discutida de reconhecimento: "*respeitar* a autoridade" não está muito distante de "*reconhecer* a autoridade". Mas, parece-me, a dificuldade vem sobretudo do fato de que o respeito por uma autoridade, que seria fundado no reconhecimento dessa mesma autoridade, não acontece antecipadamente, supõe provações, e mesmo enfrentamentos. O reconhecimento é assim secundário. É necessário de antemão obedecer à autoridade, durante a infância, sob pena de arriscar alguns machucados, alguns acidentes e mesmo a morte. Isso faz parte, sem dúvida, dos componentes da autoconservação. A obediência do ponto de vista genético precede o respeito e o reconhecimento (que implicam uma parte de *a posteriori*).
É precisamente esse ordenamento genético que coloca o problema de fundo para o que diz respeito à gênese da autonomia. O primeiro passo no caminho da autonomia segue o primeiro ato da obediência: não rumo à submissão, ou ao que se ajusta ainda entre a obediência e a submissão, a saber, a resignação, e sim rumo ao respeito. O ato segundo é o julgamento retrospectivo, que leva a *reconhecer* a pertinência, a legitimidade, a utilidade, a eficiência da autoridade. O terceiro ato seria quando, de reconhecimento em reconhecimento, estabelece-se aos poucos o *respeito por uma autoridade* em particular (a distinguir do respeito pela autoridade geral, que é apenas outra denominação da obediência).
Entre a obediência primeira e o respeito por uma autoridade, há a atividade deôntica específica da "situação antropológica fundamental", ou seja, uma relação desigual – que é, em suma, muito destacada, uma vez que é capaz

Pode-se obedecer por causa de uma relação de forças implicando a violência, ou seja, um constrangimento pelo corpo: consentimento imposto pela força. A obediência transforma-se então em *submissão*, em abolição de toda crítica, de toda resistência.

Situação antropológica fundamental e atividade deôntica

Sem dúvida existem modos de obediência que não procedem apenas da relação de forças e da violência e não constituem apenas uma resposta adaptativa à materialização da relação de forças.

Quando o obstáculo da submissão é evitado, como outro regime de relação pode surgir sem que se reduza a uma mera tirania, de um lado, ou a uma espécie de identificação, de outro?

Parece-me, na relação de cuidado (*retrieval*) do adulto para com a criança, formam-se de maneira bastante rápida modalidades de troca que se inscrevem no âmbito de atividade deôntica.

A partir da base inicial do apego, são estabelecidas relações de comunicação que se organizam em torno da dinâmica mensagem-tradução. Mas, no tempo da tradutibilidade, o da ligação, é possível que a criança se engaje discretamente em uma negociação com o adulto. Essa negociação estabelece nada menos que as regras destinadas a enquadrar a relação, os jogos, ou mesmo a comunicação entre a criança e o adulto. Essa negociação torna-se progressivamente tão importante e implica tantas deliberações, conflitos e compromissos entre o adulto e a criança, que questionamo-nos

---

precisamente de superar o escândalo da desigualdade e a relação de forças entre o adulto e a criança. Como seria isso possível?
É necessário admiti-lo, tal só é possível quando outro princípio vem se juntar ao da dominação, e ele depende provavelmente do amor e de suas relações com o *care* (cuidado) e o *retrieval*.

mesmo se, ao final, as crianças não participam ativamente na formação do adulto, a sua *Bildung* de adulto. Em muitos aspectos: são efetivamente as crianças que tornam os adultos pais e mães. E ao olhar de mais perto, tornar-se pai, mãe, educador ou formador, isso implica muitas concessões à criança, não apenas em razão de suas necessidades, mas também, e muito, em razão da sua constituição e de suas vontades e caprichos.

Inevitavelmente, essas trocas entre a criança e o adulto fazem com que aflore a questão da autoridade. E, desde o início, a autoridade se revela precisamente como o meio pelo qual o adulto exerce um poder sobre os atos da criança, com a economia da violência. Ela é também o que permite evitar a violência por parte da criança, direcionada contra o adulto.

Assim a infância não é apenas oferecida ao jogo da *ascendência*, de um lado, e da *submissão*, de outro. Está também aberta a uma atividade deôntica, no sentido pleno do termo, ou seja, que se refere às normas e aos valores. A *obediência* é primeira, trata-se de uma passagem obrigatória para ir rumo ao consentimento voluntário, que, no melhor dos casos, toma a forma de um reconhecimento da prudência do adulto pela criança. No entanto essa progressão está comprometida em períodos críticos de turbulência, em particular na adolescência. A negociação reveste-se então de formas conflituosas cuja gravidade vem justamente do conteúdo: testar, contestar, recolocar em causa, negar a autoridade e a *tradição* na qual ancora a sua legitimidade e que se esforça também por transmitir enquanto essa última remete a certa concepção dos valores, da subjetividade e da cultura. Mas de toda maneira a obediência, ao longo de toda a infância, não é unívoca. A criança que obedece é, com certeza, a mesma criança que desobedece. No âmbito da obediência há sempre uma tensão entre o obedecer e o desobedecer que abre espaço à ambivalência e à transgressão sem as quais não se trataria mais de obediência *stricto sensu*, e sim de submissão. A submissão é sem ambivalência e exclui a transgressão. É uma posição de capitulação. Como algumas crianças passam da obediência à submissão? Trata-se aqui de uma questão chave tratada de forma magistral por Ferenczi em um texto de 1932: "Confusão de língua entre os adultos e a criança". Ele atribui, nesse processo, um lugar de destaque à violência do adulto contra o corpo da criança. Esta questão foi retomada de modo diferente por Alice Miller,[10] e ocupa um lugar importante no tomo I deste livro.

As modalidades de relação e de comunicação entre a criança e o adulto, que levam à formação de acordos e de regras de vida comum em família, não são redutíveis aos processos de identificação e de idealização analisados por Gérard Mendel. Sua complexidade é irredutível ao jogo dos investimentos e desinvestimentos da libido. E as ligações que se estabelecem entre o adulto e a criança pelo viés dessas negociações não estão reduzidas a ligações eróticas, afetivas e sexuais.

Da atividade deôntica entre adulto e criança depende boa parte da formação dos requisitos sobre os quais repousa a autonomia do pensamento. A falta de encarnação da autoridade pelo adulto ameaça de privar a criança da possibilidade de experimentar os diferentes registros da obediência - desobediência, da resistência, da revolta, da negociação, da emancipação, da capacidade de pensar e de agir por si próprio.

Conclusão

O trabalho oferece um terreno formidável, mesmo que trivial, para a investigação, mas também para a experimentação e ainda para a aprendizagem da autoridade. Pois a cooperação não

10 Alice Miller. *Am Anfang war Erziehung*. Frankfurt a/Main: Suhrkamp Verlag, 1980; tradução francesa *C'est pour ton bien*. Paris: Aubier, 1983.

diz respeito apenas às ligações que os homens estabelecem entre si no plano da paridade. A cooperação passa também por ligações de solidarização vertical, de subordinado a chefe e de chefe a subordinado. O organograma de uma instituição, de uma empresa ou de uma administração pública depende da organização *prescrita*. Mas a organização *efetiva* das relações hierárquicas reveste outros níveis de complexidade. Conjuga dimensões humanas heterogêneas: a desigualdade e a autoridade, a renúncia e o entusiasmo, o reconhecimento e a legitimidade. A cooperação entre pares repousa sobre uma atividade deôntica. A cooperação vertical também. A *autoridade*, sob a lupa da clínica do trabalho, *aparece como o fruto de uma negociação* na qual a argumentação, a persuasão, a discussão, a contestação, a demonstração têm – ao contrário da autoridade política segundo Hannah Arendt – o seu lugar garantido.

A autoridade, na cooperação, é em essência outorgada de baixo, *via* formas específicas de *reconhecimento* que se distinguem radicalmente da *submissão* à autoridade. E se esse reconhecimento é possível, isso se deve ao fato de a cooperação – tanto horizontal (expectativa de arbitragem) como vertical (tratar o escândalo da desigualdade) – provocar a necessidade para todos de uma autoridade e ainda de instituições que veiculam a autoridade.

A autoridade, assim, na provação da clínica do trabalho, é concedida por baixo e não por cima. Ela não é conferida por transcendência divina ou pelo prestígio da ciência. E se a autoridade tem mesmo um tropismo para cima, isso se deve ao fato de ela permitir o estabelecimento de uma ligação de continuidade entre o trabalho individual e a obra comum, entre as subjetividades singulares e a obra da cultura. Mas, no essencial, o que é efetivo na autoridade vem de baixo. É fundada inicialmente – e antes de tudo – no conhecimento concreto que o chefe possui das técnicas e dos saber-fazer operacionalizados por aqueles que se implicam na cooperação (autoridade fundada na competência). Ela tem ainda uma aptidão particular: manter reunidos, em uma consideração equidistante, o que pertence ao ordinário dos modus operandi e o que diz respeito ao extraordinário da cultura.

A discussão filosófica e política sobre o tema do reconhecimento está centrada na relação entre aqueles que lutam pelo reconhecimento, de uma parte, e aqueles que detêm o poder de conceder o reconhecimento, de outra. A análise sobre essa relação é geralmente polarizada no sentido de cima para baixo: aqueles que estão embaixo lutam para obter um reconhecimento por parte daqueles que estão em cima.

Não se outorga, talvez, a atenção necessária à dinâmica inversa: aquela pela qual uma autoridade, para constituir-se, necessita de um reconhecimento de baixo.

Esse reconhecimento pela base levanta espinhosos problemas, notadamente o da *obediência*, contrapartida indissociável da autoridade.

A relação obediência - autoridade não pode ser colocada em bloco ao lado da alienação. Pois não apenas essa relação nem sempre leva à infelicidade, mas parece que é necessária à vida, é indispensável à formação de toda ação coletiva. Na infância, sem sombra de dúvida, o indivíduo experimenta a desigualdade, a dependência e a inferioridade em relação ao adulto. E ele aprende, ademais, a obedecer, às vezes a reconhecer uma autoridade.

Uma teoria social e uma filosofia crítica não deveriam deixar de observar que antes de poder alcançar a autonomia, todo indivíduo deve passar pela obediência, e que toda autonomia, supondo que ela seja possível, só pode ser conquistada a partir dessas experiências primárias da infância que são também uma invariante da condição humana. Ou, para dizê-lo de outra maneira:: uma teoria das relações entre reconhecimento e emancipação no e pelo trabalho não pode fazer a economia de um terceiro termo: a autoridade.

Esse terceiro termo prolonga, é certo, o caminho que separa o reconhecimento da emancipação.

O primado da autoridade conferida por baixo situa o trabalho em posição chave no que respeita à "crise de autoridade". A partir da instituição da autoridade na razão, desde Descartes, ela foi causa de inúmeras decepções. Sobre que bases ela poderia ser refundada? A autoridade estabelecida no trabalho – da qual se sabe empiricamente que pode ser constantemente renovada *in statu nascendi*, a partir da cooperação na realização da obra comum – tem a particularidade de repousar *não mais sobre a verdade conhecida pela razão, mas sobre a experiência do real* certificada pelo trabalho vivo.

Partir do real é também partir de algumas questões. Ao fundar a autoridade sobre o poder do trabalho, e colocar em causa a "verdade conhecida pela razão" para confrontá-la com a "verdade colocada em xeque pelo real", seria possível exercer a autoridade sem correr o risco de custodiá-la em certezas (eruditas ou demonstradas) e de colocá-la dessa forma ao serviço dos desvios tirânicos ou totalitários.

A autoridade fundada no trabalho vivo apresenta algumas diferenças em relação à sua exegese política. Mesmo que haja nessa questão uma dimensão escandalosa, pode-se assim mesmo se perguntar se à autoridade fundada na experiência do trabalho não conviria conferir uma dignidade filosófica que os grandes autores sempre lhe recusaram.

6. Honrar a vida pelo trabalho

A cultura

Ante a gênese do viver junto, Freud subestimou o que é propriamente da alçada da atividade deôntica (diferente da libido) e o que passa pelo trabalho de produção coletivo (sem deixar de considerar, no registro da sublimação, algumas formas excepcionais de trabalho: a produção artística e intelectual). Quaisquer que fossem os adendos que se poderia propor à sua teoria da "ligação social", não se chegaria a reverter o seu diagnóstico (ou prognóstico) pessimista quanto ao destino da humanidade. A clínica do trabalho não contrapõe argumentos suficientes para alimentar uma utopia que, fundada sobre a cooperação no trabalho, estaria prenhe do renascimento de um "mundo" no sentido arendtiano do termo.

De muitas maneiras a experiência do trabalho se opõe à utopia. Fosse apenas pelo fato de que, se trabalhar é fazer a experiência do real, em outros termos, do que resiste ao saber, ao querer e à maestria, então trabalhar é também constantemente uma chamada à ordem, a contrapor-se aos devaneios de toda ordem e aos arroubos do imaginário social e da exaltação utópica. No entanto, se o trabalho não é uma panaceia, ele contribui assim mesmo, via a deontologia e a cooperação, com os meios que, *a contrário*, podem ser disponibilizados a serviço da cultura. Que a cultura sozinha não tem peso suficiente para contrabalançar o gosto ilimitado pela violência, que ela possa servir a esses que se voltam contra ela e procuram destruí-la, isso o constatamos no dia a dia. E portanto! A cultura, na medida exata em que sedimenta as obras a celebrar a vida, oferece um recurso àqueles que, por considerar a ética como um objetivo incerto, recusam contudo a ceder ao cinismo. Por ter aprendido pela história recente – a do século XX – o quanto é fácil ser enganado pelos outros, ou mesmo enganar-se a si mesmo, suscita certa desconfiança. A inquietude ética incorporou-se nas gerações do pós-guerra na Alemanha, com certeza, mas também na França. As "boas intenções", o humanismo como disposições são necessários aos que desejam incorporar-se à ação, mas não são suficientes, porquanto a bússola do bem e do mal, do justo e do injusto não indica sempre o norte. E quando o campo magnético alinha a agulha em uma posição falsa, pode tornar-se incrivelmente difícil permanecer fiel ao seu próprio sentido de orientação quando este último sugere um desvio da direção indicada pela bússola. Tentei mostrar em outros trabalhos como somos, com frequência, levados a participar da banalização do mal no regime político que é o nosso.

A inquietude ética é o reconhecimento do risco de orientar-se com base numa bússola viciada pela influência do imaginário social sobre o pensamento da vida.

Àquele que se encontrar só, "de - sol - ado" (no sentido arendtiano do termo) e sem bússola ("desorientado") ante a opinião da maioria, a cultura revela-se como único recurso oferecido à sua vontade de pensar.

Usar esse expediente não é confortável, o manejo da cultura exige daquele que deseja dela servir-se competências técnicas específicas. Nada é impossível! Trata-se de expediente cujo preço inestimável é sentido a cada instante em que se experimenta a solidão, a cada instante em que a dúvida radical se impõe, com relação a si mesmo, a cada instante em que o gênio maligno de Descartes vem minar a confiança que se tem no pensamento dos outros e em sua própria capacidade de julgamento.

O desejo de escapar da deriva do imaginário social não é apenas uma quimera. Mas implica uma espécie de vigilância e de inquietude permanentes em relação do risco de enganar-se. A emancipação, uma vez que essa depende em sua essência, da responsabilidade individual, permanece sempre como uma perspectiva possível. E se seu principal propulsor é o amor da vida em si, a orientação que se deve dar ao esforço livre não pode ser decidida sem o confronto dialógico com os demais e com as obras que eles depositaram na cultura.

Esta é a razão de a cultura, em detrimento de sua moderada força intrínseca vis-à-vis a violência, permanecer mesmo assim como um recurso essencial para quem procura posições de resistência contra os ressurgimentos da barbárie.

Estabelecer ligações entre o trabalho, a cooperação e a *vida*, ou seja, inscrever o trabalho na cultura supõe uma luta incansável. Pois é fácil, todos sabemos, unir os dois primeiros termos – o trabalho e a cooperação – para fazê-los trabalhar contra a vida. Para tanto, é suficiente altear a ciência no lugar da vida como valor de referência último e outorgar-lhe o papel de gabarito para a avaliar do trabalho. Ao desconhecer, ao negar o que implica para o trabalho o fato de ser um *trabalho vivo*, excluem-se os obstáculos que se contrapõem desde seu interior à utilização do trabalho como meio de reabilitar o mal.

No sentido inverso, a luta pela manutenção das *ligações entre o trabalho, a cooperação e a vida* é uma via praticável para resistir à progressão da barbárie. Mas para ser eficiente e racional, essa luta exige uma vigilância coletiva. E essa vigilância pode ser obtida apenas se seus objetivos e os meios forem levados para o espaço público por um pensamento político. Como angariar, como detectar, como analisar as ligações entre o trabalho, a cooperação e a vida? Como assegurar-se de sua efetividade? Como evitar afastar-se da vida, trair a vida, ou ludibriar-se, deixar-se ludibriar sobre as relações entre o trabalho e a vida em cada contexto particular? Quer se queira ou não, isso passa em primeira instância por um encaminhamento individual caracterizado pela obstinação em manter um trabalho crítico sobre seu próprio pensamento para sair em busca do impensado; e servir-se, para tanto, da *experiência do trabalho vivo*, único capaz de assegurar que, com o *real*, mantém-se em uma relação de autenticidade e veracidade. Pois, cada vez que o real reaparece, a experiência do fracasso me traz de volta, de maneira simultânea e constante, à verdade e à vida. Pois também o trabalho, graças à experiência do real à qual ele permite o acesso, é o que permite me afastar desse poder de entorpecimento de meu pensamento que habita o fundo de todas as estratégias de defesa contra o medo. Sou inclinado a recorrer a essas estratégias no intuito de evitar a confrontação com o real que me perturba: o trabalho, em suma, como meio de desestabilizar minhas próprias defesas mantendo firme a conquista que obtenho sobre o real.

Honrar a vida trabalhando —"Kulturarbeit"

A celebração da vida não se decreta, não é prescrita de qualquer maneira. Ela depende fundamentalmente do exercício individual de uma busca e de uma exigência: a da provação de si da vida, e nada mais.

Concretamente essa provação ocorre na relação individual com o trabalho e na relação com o outro pelo trabalho. No primeira caso, trata-se de cooperar para uma obra que se julga ética e digna de ser apoiada; no segundo, trata-se, mediante o seu próprio trabalho, de levar, de suscitar ou de acolher a cooperação dos outros.

Mas de qualquer maneira essa cooperação com os demais consiste sobretudo em não arruinar o trabalho – *Arbeit* – do outro ao defender a dignidade de seu próprio trabalho. Com certeza, o essencial consiste em não considerar a questão da vida como um suplemento da alma trazido do exterior para o próprio trabalho.

Honrar a vida no trabalho consiste, nem mais nem menos, em pensar e em sustentar a questão do trabalho vivo, ou seja, do trabalho bem feito e da qualidade no seio da qual a vida se manifesta com toda a sua potência. Em que consiste essa relação entre a qualidade do fazer e a vida (subjetividade), a qual se deve amparar e defender? Em última instância, honrar a vida trabalhando seria a busca da qualidade do fazer não mais na esperança de obter que ele seja reconhecido pelos outros, mas para remetê-lo à provação de si. Ou seja: não mais na problemática da identidade, mas na da ipseidade e do amor de si.

Honrar a vida permanece uma questão individual, indexada à exigência que me imponho de colocar minha subjetividade à provação de si. No presente caso, pelo viés do trabalho. Contudo, o que constitui a provação para a subjetividade não é o trabalho em sua dimensão poiética unicamente, mas no que, por esse decurso, essa dimensão impõe a mim como "*Arbeit*", que é uma dimensão irredutivelmente individual.

Como então conceber as relações entre o trabalho como prática a implicar a ipseidade ou ainda como *praxis*, no sentido que a entende Michel Henry, de um lado, e o trabalho coletivo, de outro?

No trabalho, cumpre a cada um por vontade própria sair em busca do *Arbeit* pelo qual a subjetividade procura uma ampliação de si e consente com essa provação, mesmo que ela implique o risco de uma desestabilização e até de uma descompensação psicopatológica. Esta provação de si no trabalho não se prescreve. O que pode ser prescrito é tão só a poiesis. Que a habilidade indispensável à qualidade impõe um certo *Arbeit*, isso a clínica o mostra. Mas ninguém é obrigado por outra pessoa, a não ser por si próprio, de fazer prova de zelo, inteligência e habilidade. Em certos casos, é possível que a liberdade consista em recusar-se a demonstrar zelo. Isso porque, por exemplo, posso não aprovar para o que fui convocado. Assim, às vezes honrar a vida significa fazer prova de resistência.

Quanto ao inverso, levado pelo desejo de participar da obra comum, lanço-me com paixão na provação do trabalho, e levo essa provação ao limite de minhas possibilidades, isto diz respeito rigorosamente à minha própria decisão. A boa vontade, o esforço centrado na realização de um trabalho bem feito, isso depende de minha liberdade soberana e apenas dela.

O que é a liberdade senão – e talvez tão só – submeter a subjetividade à provação de si? A liberdade não consiste na ausência de constrangimentos, pois os constrangimentos; pois a restrição, queiramos ou não, está sempre presente no trabalho.

A preguiça

A ausência de constrangimento ilustrada na preguiça ou no ócio é, sem contestação, também uma forma possível de liberdade, mas é precisamente essa liberdade de gozar daquilo que é, repetidamente do no mesmo. Para alguns, uma liberdade celebrada como o bem mais precioso. O risco, contudo, desse usufruto específico da liberdade é o entorpecimento, a desaceleração, o a diminuição progressiva do prazer. Pois ao se subtrair ao esforço no sentido biraniano do termo, surge o risco de um empobrecimento da subjetividade. Subtrair-se ao esforço é arriscar afastar-se de si. A languidez, a morbidez, o *taedium vitae* e ainda a depressão como perda do sentimento da existência são consequências possíveis de uma tal escolha.

Reencontrar, recuperar o sentimento da vida que se experimenta em si – porque esse sentimento pode afastar-se ou mesmo escapar quando não há esforço – sem que se perca, contudo, a opção da preguiça, leva à busca da intensificação das excitações que faltam, indo buscá-las no *exterior*: acrescentar sempre mais condimentos às iguarias que se saboreia, comer sempre mais, a exemplo dos personagens que praticam com talento tais excessos no filme *La grande bouffe* (A grande comilança), consumir alcoóis sempre mais concentrados para alcançar a embriaguez, aumentar a cadência das comemorações, diversificar os prazeres eróticos para aumentar sua intensidade. A escalada está no princípio da luta contra o risco do *taedium vitae* e do empobrecimento da subjetividade. Sua forma patológica comum é observada nas toxicomanias, embora existam outras formas, mais sutis, uma vez que resistem melhor ao esgotamento: as que se alimentam na fonte do sadismo e do masoquismo, provedores inesgotáveis de excitação.

Do ponto de vista da relação com a subjetividade, o risco que a preguiça impõe é a adicção ou, mais simplesmente, a dependência em relação à excitação, ou seja a alienação dessa liberdade que estava na origem da escolha pelo ócio.

A preguiça, com certeza, é uma forma de exercício da liberdade porque ela não pode ser prescrita. Quando é imposto, o ócio é prontamente deletério. É o que mostram as "patologias da geladeira"[a] que resultam do afastamento das condições sociais da sublimação.

Com isso, preguiça livremente escolhida e provação de si pelo trabalho escolhido com liberdade opõem-se um ao outro no terreno da sublimação. A relação hedônica com a volúpia no ócio é uma via na qual a provação da subjetividade é procurada na desagregação e na excitação sensual do corpo. A economia da livre preguiça depende do sexual propriamente dito, ou ainda do gozo.

A sublimação

O prazer no trabalho passa pelo confronto com a resistência do real, a qual oferece de início o nascimento da experiência subjetiva e afetiva do fracasso que remete à desagregação e provoca a excitação. A mobilização da inteligência do corpo abre uma via em que a provação da subjetividade é procurada na elaboração, ou seja, na ligação pelo pensamento. A economia do livre esforço é da alçada da sublimação pulsional e do regozijo, ou seja, um gozo secundário, um gozo que procede do que advirá e da volúpia do Eu que se amplia. Isso, do ponto de vista subjetivo, diz respeito à sublimação – elaboração da relação com o real, *Arbeit* e perlaboração da clivagem – deixando um excedente no mundo que se concretiza sob a forma da qualidade do trabalho. É nesse sentido que é possível compreender a noção de *Kulturarbeit* (trabalho de cultura) utilizado em algumas circunstâncias por Freud.[1] O *Kulturarbeit* é uma forma a um só tempo ordinária na vida cotidiana e extraordinária em seu processo, na qual se exprime o poder do trabalho em honrar a vida. O *Kulturarbeit* designa esse movimento pelo qual a provação subjetiva de si – que é, em suma, o abraço da

---

1 Sigmund Freud. *Die Zukunft einer Illusion*, GW, XIV; tradução francesa: *L'avenir d'une illusion*. Œuvres complètes, tomo XVIII. Paris: Presses Universitaires de France, 1991 [1927]; a Sigmund Freud, *Das Unbehagen in der Kultur*, GW, XIV; tradução francesa: *Malaise dans la culture*. Œuvres complètes, tomo XVIII. Paris: Presses Universitaires de France, 1991 [1930].[b]

vida em si mesma – mediada pelo real do trabalho, transborda tanto a subjetividade como o real para então hipostasiar-se em formas que integram a obra e, ademais, inscrevem-se na cultura. O *Kulturarbeit* designa muito precisamente a fusão bem sucedida do trabalho com a vida.

Deve-se convir, essa provação de si no trabalho em que consiste o *Kulturarbeit* não poderia de jeito algum ser o resultado de uma prescrição ou de um constrangimento imposto de fora. Só pode ser o resultado de uma livre escolha. Para além da prescrição ou do constrangimento em produzir, onde se realiza antes a experiência da servidão (mas é necessário partir dessa experiência primeira), o sujeito engaja-se de maneira deliberada em uma provação consigo mesmo, quando ele afirma sua vontade de emancipação vis-à-vis a servidão. Emancipação que procede do poder em substituir o constrangimento da dominação pela exigência de mensurar-se, de seu próprio grado, com os poderes de seu corpo e de sua inteligência confrontados à resistência do real.

A emancipação não se avalia aqui no direito de circular livremente, de praticar sua religião ou de expressar sua opinião, mas no poder de encontrar em seu trabalho a via que leva à satisfação de si, em outros termos, da ampliação da subjetividade e da revelação da vida em si.

O resultado do trabalho de produção – *poiesis* – pode sim ser o objeto de validação pelo julgamento do outro, e isso participa da ordem do contingente. O que importa, no caso, é tão só a parte *invisível* do trabalho – *Arbeit* –, cuja obra realizada lembra ao autor as dores que ela o fez enfrentar e sua superação. A satisfação é a forma afetiva e invisível aos outros, perceptível apenas para si, sob a qual, juntas, a apropriação de si e a liberdade de honrar a vida são vivenciadas de subjetivamente em si.

Honrar a vida no trabalho coletivo: A questão do entusiasmo

Como, na perspectiva do *Kulturarbeit*, pensar o trabalho coletivo? A conjunção do trabalho e da vida diz respeito à ordem do individual. A emancipação pelo trabalho só tem um sentido quando se trata de uma obra comum? Esta última supõe, vimos, certa quantidade de elos intermediários da deontologia do fazer. Não há dúvida de que a esse nível esteja envolvida a liberdade da vontade de cada membro do coletivo. Mas, como vimos, a cooperação pode também produzir ações imorais, até bárbaras, no que representam como rompimento com a cultura e a vida. Em uma obra coletiva, mesmo tendo vocação cultural, não se saberia dar a ordem de (coordenação) honrar a vida, como se isso fosse uma tarefa definida desde o exterior. Em uma obra de cultura, honrar a vida passa pela implicação singular de cada um na provação de si, em que o trabalho pode constituir-se como sendo a ocasião. Em certos casos de obras comuns, pode-se sentir nos outros membros do coletivo um ardor parecido com o seu, a romper os seus próprios limites. Mas está claro que para cada um trata-se sempre de uma exigência pessoal, repousando tão só no esforço livre que passa por um trabalho psíquico (*Arbeit*) individual. A singularidade desse *Arbeit*, no entanto, pode influenciar aspectos da forma final da obra comum, por causa da inscrição das descobertas de cada um como impressões singulares no trabalho coletivo. É assim que uma mesma obra musical, tanto na música de câmara como na ópera, no canto coral ou na música sinfônica, pode proporcionar interpretações sensivelmente diferentes, e até impregnadas de fortes contrastes. Se em algumas situações há a presença do mesmo maestro, isso não impede que ele próprio não obtenha resultado igual quando dirige a Orquestra Filarmônica de Viena ou a London Symphony Orchestra. Em geral, o maestro é levado a realizar um compromisso com as virtuosidades e genialidades próprias a cada músico da orquestra, ou ainda com cada um dos solistas. Ao inverso, cada músico deve acordar-se com os demais e com o direcionamento definido pelo maestro.

Importa insistir no fato que o acordo entre as partes raramente é realizado antecipadamente. Aí também deve-se negociar! Não há mágica na cooperação bem-sucedida, há principalmente muito saber-fazer e maestria de ofício.

Quando o acordo entre os protagonistas é selado sem que a forma e o resultado sejam inteiramente previsíveis, emerge essa dimensão extraordinária: o *entusiasmo*.

O entusiasmo distingue-se da exaltação coletiva pelo fato de o primeiro proceder da conjugação das subjetividades singulares, enquanto a última passa pela erosão das singularidades. O entusiasmo depende da polifonia ou da pluralidade; a exaltação coletiva depende da uniformização.

Desde o século XVII, o entusiasmo designa uma emoção coletiva suscitando uma excitação festiva (segundo o *Dicionário histórico da língua francesa*). A exaltação coletiva estaria antes situada do lado do sentimento de onipotência e do fanatismo. Indicaria uma forma de excitação cuja intensificação levaria, ao termo, em direção à alienação mental dos indivíduos na causa coletiva. Conjurar essa orientação passaria, segundo os antigos, por uma forma de trabalho sobre si ou de exame de consciência que seria realizado em nível estritamente individual.

Para nós, no domínio do trabalho, em que às vezes a cooperação gera entusiasmo, a mutação para a exaltação coletiva e a captura pelo imaginário social de onipotência não é esconjurada pelo exame da consciência individual e sim pela atividade deôntica e pela referência incansável ao real compartilhada no coletivo. É, em suma, o melhor amparo contra a ilusão de onipotência que contempla os profetas e os seus adeptos. Certamente, o entusiasmo tinha má reputação nos pensadores dos séculos XVII e XVIII, de Montaigne a Hobbes, passando por Burton e More. Como o mostra René Daval,[2] foi Shatesbury quem procurou na tradição socrática argumentos para reabilitar ou salvar o entusiasmo, insistindo no fato de que ele pode, vez ou outra, engendrar coisas na esfera do sublime.

O que se aplica aqui à música orquestral pode aplicar-se a outras obras ou tarefas coletivas? A clínica do trabalho sugere que o entusiasmo pode estar no encontro de numerosas atividades de trabalho organizadas coletivamente. Convém sublinhar ainda que as ligações entre os membros do coletivo que se estabelecem em prol da obra comum não dependem do amor. O entusiasmo assinala apenas a possibilidade de congregar, durante algum tempo, as genialidades individuais (as habilidades, as engenhosidades, os zelos individuais).

Honrar a vida pela solidariedade e pelo conhecimento do outro

Mas são apenas momentos que por vezes modulam a progressão de um canteiro de obras, a ação de uma equipe médico-sanitarista, a missão de uma instituição educativa etc. Pois deve-se admitir, na maioria das situações de trabalho, que a direção da empresa, as prescrições da organização não se relacionam diretamente com a celebração da vida no trabalho. De sorte que o entusiasmo deve ceder o lugar para outra forma de ligação cooperativa, na qual a provação de si no trabalho e a vontade de reapropriação da relação subjetiva com o trabalho sejam remetidas à ordem estritamente individual e não possam mais ser colocadas em comum. O que então

2 René Daval. *Enthousiasme, ivresse et mélancolie*. Paris: Vrin, 2009.

é compartilhado não é mais o ardor de trabalhar, mas a consciência dos constrangimentos que ameaçam as condições de acesso ao prazer no trabalho.

A solidariedade diante da adversidade é também uma maneira de honrar a vida que adquire desta vez a forma da resistência coletiva e da assistência mútua, para impedir que a vida não seja expulsa do trabalho.

O que importa é que a solidariedade, assim como o entusiasmo no trabalho, implicam em primeiro lugar, a partir de sua própria experiência subjetiva da relação com o trabalho, a intuição ou o conhecimento e o reconhecimento da importância e da unicidade que a relação subjetiva com o trabalho tem para com a vida de cada um do coletivo: o colega, o subordinado e também o chefe.

Esse reconhecimento mútuo do esforço livre implica modalidades particulares de cooperação. A deliberação coletiva e a justificação das maneiras de proceder no trabalho dão direito a uma perspectiva mais exigente e rigorosa que alhures, a critérios de qualidade e de beleza do trabalho realizado nos quais ocorre particularmente a provação da subjetividade pelo trabalho. Ter direito aos argumentos relativos ao prazer relacionado a um modo operatório particular não é de maneira alguma impossível na atividade deôntica. É mesmo nessa condição que é possível também ajustar em sintonia fina as modalidades da cooperação em cada tarefa coletiva, porque o reconhecimento pelos outros da legitimidade do prazer no trabalho de um colega proporciona um retorno deste em relação aos demais a obrigação em termos de responsabilidade vis-à-vis o coletivo e de reciprocidade vis-à-vis os demais.

E as arbitragens decorrentes das provações de justificação do prazer no trabalho de cada um se desenvolvem tanto na linha horizontal (os pares) como na vertical (os chefes e os subordinados).

Esse tipo de cooperação que desenvolve uma cultura coletiva do prazer no trabalho é compatível com a efetividade da produção. Implica tão só um pouco mais de sutileza nos compromissos a ser criados entre os critérios de validade relativos a cada uma das racionalidades que se confrontam no mundo do trabalho: racionalidade teleológica, racionalidade axiológica e racionalidade subjetiva.

Por vezes, a relação entre contribuição singular no trabalho ordinário de produção e obra comum pode se realizar sem dificuldade. É o caso de quando a dimensão própria à obra *stricto sensu* está de antemão inscrita no próprio trabalho. Por exemplo: quando se trata de montar um espetáculo, de participar de uma *performance* coletiva, como um jogo esportivo internacional, de fazer parte de uma equipe de cuidados médico-cirúrgicos ou psiquiátricos, de contribuir em uma unidade de pesquisa científica, ou ainda de contribuir para uma ação humanitária.

Mas com maior frequência essa relação não é evidente. Em particular quando as preocupações relativas à racionalidade instrumental ocupam um lugar demasiado proeminente: por exemplo, quando os objetivos de rentabilidade são repetidos à exaustão e tornam inaudíveis e pouco verossímeis as preocupações de beleza de oblatividade. O cinismo da hierarquia ou da diretoria, quando percebido por todos os assalariados da empresa, desagrega o trabalho corriqueiro da ideia de obra comum, arruína os propulsores do entusiasmo e toma o lugar deste último.

Sem que a redução do valor do trabalho bem feito seja levado a esse ponto, a divisão das tarefas tende, com frequência, a tornar dificilmente inteligível a dimensão específica da obra comum. Ora, o entusiasmo supõe o acesso da maioria dos indivíduos a uma significação compartilhada da produção, à qual eles aportam uma contribuição, com relação a o que a ultrapassa em *valor*: a participação no bem comum, na evolução das instituições, no progresso, até mesmo na civilização. A exposição dessa ligação entre o trabalho ordinário e sua superação em valor constitui um trabalho como um todo que pode encontrar sua formulação adequada na elaboração da doutrina. Cada serviço (público ou privado), cada administração pública, cada empresa deve consagrar tempo para elaborá-la e explanar sua doutrina, mesmo a de seus próprios agentes. Quando essa doutrina está suficientemente clarificada, cada diretor, cada gerente, cada chefe deve, na sequência, traduzi-la em objetivos e prioridades para sua diretoria, seu departamento, seu ateliê e tornar inteligíveis para seus subordinados a pertinência e a legitimidade de sua tradução. Essa é a condição *sine qua non* para a participação efetiva dos agentes na cooperação vertical no sentido *bottom-up* ascendente, e da autoridade do superior hierárquico no sentido *top-down* descendente.

A experiência de campo mostra que, desde há alguns anos, esse trabalho de elaboração da doutrina e de tradução - transmissão pelos chefes em relação aos subalternos é sistematicamente sacrificado ou abolido em nome do realismo econômico. O preço mais evidente pago por nossa sociedade para essa capitulação doutrinária é o desencantamento com o trabalho e a degradação do prazer no trabalho. Reverter esse vasto movimento de empobrecimento que se abate sobre o mundo humano da produção não é uma impossibilidade, longe disso. Superar os preceitos do cinismo é possível ao se considerar com seriedade as questões centrais do "trabalhar", da qualidade do trabalho bem feito, do respeito às regras da arte, da consideração pelo trabalho coletivo e do que ele contém de potencial como recursos para a atividade deôntica e para o viver junto.

Notas do tradutor

a *Pathologies du placard*, no original.

b Sigmund Freud. *O futuro de uma ilusão*. In: Edição Standard Brasileira das Obras Psicológicas Completas de Sigmund Freud, Vol. XXI. Rio de Janeiro: Imago, 1974 [1927]; Sigmund Freud. *O mal-estar na civilização*. In: Sigmund Freud, *Obras completas*, Vol. 18. São Paulo: Companhia das Letras, 2010 [1930]. O mal-estar na cultura. In: Sigmund Freud, Coleção Poket, Porto Alegre: L&PM, Fev. 2010.

7. O espaço de deliberação no trabalho

A desafeição pela política ou a "apolitia"

Com base numa antropologia das relações entre sexualidade e trabalho fundada na clínica, seria possível voltar para o campo da política? A formulação dessa questão passará, aos olhos do teórico em filosofia política, provavelmente como um tanto superficial. Mas parece que a desafeição pela política é profunda o bastante para que qualquer reflexão sobre o tema possa ser considerada como indecente. A crise da política em regime democrático havia sido anunciada no século XIX por Tocqueville (1835-1840), e muitas críticas pouco condescendentes foram desde então proferidas ao encontro desse diagnóstico ou prognóstico. Ao observar a pertinência dos comentários reconhecidos ou mesmo eruditos formulados nos últimos dois séculos, não há como não se render à evidência e inclinar-se. Mas reconhecer a realidade não implica abster-se de pensar a situação na qual nos encontramos. Hannah Arendt considera que o século XX – notadamente em razão da Segunda Guerra Mundial e da bomba atômica –, apresenta novos problemas dificilmente solucionados pela política, isso

> *uma vez que dispomos, pela primeira vez, da possibilidade de colocar um termo à vida do homem e à vida orgânica em geral. De fato não existe praticamente qualquer categoria política ou conceito político tradicional que, confrontado com essa possibilidade muito recente, não se revele ultrapassado no plano teórico, e não aplicável no plano prático, e isso precisamente por causa de a política tomar um rumo que conduz a um sentido alheio à vida. Quer dizer, da sobrevida da humanidade.*[1]

Arendt está se referindo ao beco sem saída que representa a política no plano teórico. De modo mais trivial, pode-se, algumas décadas depois, constatar uma desafeição profunda pela política (desta vez no plano prático) que poderia ser o outro lado da moeda do sucesso do capitalismo contemporâneo. Porque a vitória mundial deste último não traz consigo o fim dos conflitos armados, uma vez que nesse contexto a política se mostra impotente ante todos os flagelos gerados pelo homem (crimes contra a humanidade, fome, miséria, destruição da natureza).

> *Os regimes totalitários e a bomba atômica constituem uma ameaça tamanha sobre a humanidade, que surge a questão de saber se a política que deve ter o mundo como objeto de preocupação tem "finalmente ainda um sentido". A essa questão parece que a humanidade responde hoje pela "apolitia", o futuro indiferente à política, a esperança assustadora de se livrar da política, que é equivalente a renunciar ao pensamento e ao julgamento, à luta para tornar o mundo uma vez mais humano.*[2]

1 Hannah Arendt. *Qu'est-ce que la politique?*. Paris: Seuil, 1995, p. 83.

2 Sylvie Courtine-Denamy. "Préface". In: Hannah Arendt. *Qu'est-ce que la politique?*. Paris: Seuil, 1995, pp. 25-26.

Ora, para Arendt, “quando domina a preocupação pela vida, não há política, mas apenas pré-política”.[3] Ao retomar por conta própria, neste ponto, a tradição grega, Arendt esclarece a antinomia entre preocupação pelo mundo e preocupação pela vida:

Só podia ser livre aquele que estivesse disposto a arriscar a sua vida, enquanto aquele que se apegasse à vida por um amor demasiadamente grande tinha uma alma não livre, escrava; vício para o qual a língua grega dispunha de uma única palavra: “filopsíquia”[a].[4]

> *O amor pela vida (filopsíquia) tornou-se uma atitude repreensível contra a qual os gregos tentavam precaver-se, e a ele o autor trágico tenta tornar imunes os seus heróis [...].*[5]

> *O amor pela vida é comumente atribuído aos serviçais e aos escravos como um traço inferior que os separa dos homens livres.*[6]

Haveria aqui lugar para uma discussão sobre a noção de “vida”. Arendt precisa alhures que mesmo o trabalho do artesão está em contradição com a liberdade que qualifica a política pelo fato de “o trabalhador manual submetido à necessidade de ganhar o seu pão cotidiano não ser livre”.[7] A vida parece remeter em primeiro lugar à sobrevida, à autoconservação, ou seja, à vida no sentido biológico do termo. Contudo, o termo *filopsíquia* não deixa de chamar nossa

---

3 Hannah Arendt. *Qu'est-ce que la politique?*, op. cit., p. 201.

4 Hannah Arendt. *Qu'est-ce que la politique?*, op. cit., p. 61.

5 Hannah Arendt. *Qu'est-ce que la politique?*, op. cit., p. 61.

6 Jacob Burckhardt. “Griechiesche Kulturgeschichte”, apud Hannah Arendt. In: *Qu'est-ce que la politique?*, op. cit.

7 Hannah Arendt. In: *Qu'est-ce que la politique?*, op. cit., p. 56.

atenção. Ele sem dúvida não remete à vida dos órgãos, mas *via* a *psukhé* à vida da alma (*Seelenleben*).

Vimos demasiado, no século XX, o que pode significar o desprezo da preocupação pela vida. O fracasso da política talvez seja essa recusa de pensar a vida e de atribuir-lhe o lugar que lhe cabe na teoria da ação. Pois, contrário à tradição, o respeito do Seelenleben, da vida da alma, deveria ser considerado como o valor mais elevado. Deste ponto é precisamente que se deveria partir para pensar as relações entre a ética e a política. Ao tomar o partido de distinguir, seguindo os passos de Paul Audi, a ética da moral segundo um eixo preciso,

> *[...] a palavra "ética" não designa o mesmo que "moral". Certo, em um plano lexical não é fácil fazer a diferença. De uma perspectiva etimológica, "ética" provém do grego* ethos, *enquanto "moral" vem do latim* mores, *esses dois termos remetendo com pequenas variações à mesma coisa: à ideia de costumes, de modo e de regra de vida. Pensar que a ética possa distinguir-se da moral, isso só tem sentido em um plano conceitual, em virtude de uma* decisão *filosófica que deve ser motivada. Ora, há várias maneiras de distinguir de conceitualmente a ética da moral. Grande quantidade de autores trata o tema, e a conclusão que nos parece possível obter é que tal distinção só se faz ali onde o pensamento se decide por traçar uma regra de compartilhamento alheia a qualquer arbítrio. Para o que nos diz respeito, nossa concepção com relação a isso já foi amplamente fundamentada em duas obras anteriores*[8] *e considera*

8 Paul Audi. *Supériorité de l'éthique*. Paris: Presses Universitaires de France, 1998; Paul Audi. *L'éthique mise à nu par ses paradoxes*. Paris: Presses Universitaires de France, 2000.

> *o ponto de inflexão da ética e da moral com base na diferença entre o* para si *(dimensão da ética) e o* para outrém *(dimensão da moral). Essa predileção (parti pris) é compreensível ao olhar da perspectiva de pensamento que é a nossa: no âmbito de uma fenomenologia da vida subjetiva absoluta, parece legítimo pensar que a ética depende de certo* "trabalho sobre si",[9] *com o objetivo de fazer o melhor para se desvencilhar quando o sofrimento de viver se ampara de todo o seu ser. [...] Assim, a moral funda-se no dever universal e imperativo de fazer o bem ou de não fazer o mal a outrém. Isso supõe regras, máximas ou leis que são qualificadas como morais, enquanto a ética responde à exigência individual e facultativa do viver em boa inteligência com a vida, o que supõe o desenvolvimento de uma arte de viver.*[10]

Restabelecer a vida na política só seria possível em uma perspectiva da filosofia política? Depositário – pela experiência clínica que é a minha – de um certo conhecimento da condição humana contemporânea, eu estaria inclinado a sustentar a ideia segundo a qual a desafeição em relação à política seria proveniente não tanto do fracasso da política em defesa da vida, mas da recusa da filosofia política em pensar a vida. Mais precisamente, de pensar a vida em suas duas modalidades essenciais que são o amor e o trabalho, tendo como apoio o que me trazem positivamente ao conhecimento a psicanálise e a clínica do trabalho. Sem dúvida é o momento de comentar o posicionamento de Arendt – e nisso ela se faz acompanhar pela maioria dos filósofos políticos, exceto alguns teóricos da Escola de Frankfurt – em relação à psicanálise. Como o sugere Sylvie Courtine-Denami:

---

9 Expressão tomada de Wittgentstein, 1931.

10 Paul Audi. *Créer*. Paris: Encre marine, 2005, pp. 20-21.

> *A psicologia, segundo Arendt, supõe que o deserto, ou seja, o que se opõe ao "mundo", a ruptura do espaço comum no qual são inoculadas as relações entre os homens – desolação (loneliness) – se encontra no homem e coloca as coisas de ponta-cabeça.*[11]

E é bem verdade, como tentei analisar neste livro, mas muitos foram os psicanalistas que também o fizeram, mesmo que tenham tomado outro caminho,[12] que a psicanálise, essa nova frente antropológica própria ao século XX, lança sobre o ser humano uma luz que lhe é pouco favorável. Pode-se deplorá-lo. Mas o gesto de Arendt, que consiste em excluir a psicanálise por ela conduzir a uma antropologia embaraçosa para a filosofia política, não é uma resposta filosófica satisfatória. Seria melhor refutar a psicanálise amparando-se, a exemplo de Paul Audi, em uma antropologia que sustenta outra concepção da natureza humana, como a de Rousseau:

> *Qualquer um que seja bom para si [é] de alguma maneira bom para o outro.*[13] *[...] O princípio fundamental de toda moral, sobre o qual me referi em todos os meus escritos [...] é o que o homem é um ser naturalmente bom, amante da justiça e da ordem, e não há sombra de perversidade originária no coração humano, e os primeiros movimentos da natureza são sempre direitos [...]. Mostrei que todos os vícios que se imputa ao coração humano não lhe são de forma alguma naturais; eu disse como nascem; cheguei mesmo a mostrar sua genealogia e fiz ver como, pela*

11 Sylvie Courtine-Denamy. "Préface". In: Hannah Arendt. *Qu'est-ce que la politique?*, op. cit., p. 13; cf. ainda, pp. 16-17 e pp. 21-22.

12 Cf. Laurence Kahn. *Faire parler le destin*. Paris: Klincksieck, 2005.

13 Carta a Mirabeau, 31 de janeiro de 1767, apud Paul Audi. *Créer*, op. cit., p. 20.

> *alteração sucessiva de sua bondade original, os homens enfim se tornam o que são.*[14]

A psicanálise, com Freud no início, questionou sobre a bondade primordial do homem, tirando as consequências da descoberta da sexualidade infantil e do inconsciente. E Michel Terestchenko propicia uma análise precisa sobre as consequências políticas dessa visão antropológica.[15] Pode-se lamentar essa dúvida sobre o ser humano. Pode-se pensar que por isso a psicanálise é corruptora do pensamento e que ela despolitiza. É contudo possível que, ao assim fazê-lo, está-se desonerando do embaraço causado pelo criminoso e condenando a testemunha.

Esta é a razão de minha tendência em começar lá atrás, ou seja, com a antropologia psicanalítica, por cruel que seja, para tentar empreender uma via possível rumo à política que considere essas variáveis que, no homem, opõem-se à sua emancipação e destroçam sua preocupação sobre o mundo.

A liberdade

> *O sentido da política é a liberdade – escreve Arendt. Se o objetivo da política fosse a liberdade em si, esse objetivo estaria situado fora, e a política seria então apenas um meio [...]. Esta é a razão de a liberdade não poder ser o objetivo da política. A liberdade é o seu sentido. O objetivo da política é o mundo, e a política repousa*

14 Carta a Christophe de Beaumont, apud Paul Audi. *Rousseau, éthique et passion*. Paris: Presses Universitaires de France, 1997, p. 362.

15 Michel Terestchenko. *Un si fragile vernis d'humanité: Banalité du mal, banalité du bien*. Paris: La Découverte, 2005.

> *sobre a pluralidade humana. O pensamento político é fundado na capacidade de julgar.*[16]

A liberdade aqui é compreendida como franquia em relação às necessidades da ordem vital (no sentido da vida biológica), vis-à-vis o *bios*. A liberdade é compreendida como o oposto à escravidão.

> *Diferentemente de todas as formas de exploração capitalista que perseguem de modo prioritário metas econômicas e obtêm um enriquecimento, a exploração do trabalho dos escravos, na Antiguidade, visava liberar completamente os senhores do trabalho para que pudessem consagrar-se à liberdade do político [...]. A política era um fim e não um meio para os gregos. Esse fim não era outra coisa que a própria liberdade, de maneira simultânea liberdade se realizando na pólis e liberação pré-política com vistas à liberdade na pólis.*[17]

Nessa perspectiva, o trabalho, longe de ser o meio de uma libertação é aquilo de que procura desfazer-se o senhor, por ser um entrave à sua liberdade. O trabalho está por inteiro no campo do servilismo, mesmo o trabalho do artesão, pois "o trabalhador manual submetido à necessidade de ganhar o seu pão cotidiano não é livre".[18] A emancipação não é a liberdade, é antes o caminho, o movimento que visa libertar-se da dominação. Insisti no tema na primeira parte deste livro, salvo no caso em que a violência é o meio da dominação – entendamos por violência o fato de agir sobre alguém ou de fazê-lo agir contra sua vontade mediante emprego da força, ou seja, com constrangimento corporal. A

16 Hannah Arendt. *Qu'est-ce que la politique?*, op. cit., pp. 46-47.
17 Idem, p. 57.
18 Hannah Arendt. *Qu'est-ce que la politique?*, op. cit., p. 56.

dominação é sempre substituída por uma forma de consentimento, seja em servir, seja em dominar.

Há aqui uma nuance. A *liberdade* para Arendt é liberdade e mesmo libertação em relação ao constrangimento do trabalho, da vida e da autoconservação. A emancipação seria antes, aos meus olhos, uma luta contra a relação de dominação. Do constrangimento biológico parece-me inútil desejar libertar-se, pois há uma única maneira de alforriar-se: morrendo. Mas toda a vida – mesmo a subjetiva, a vida absoluta – passa pelo respeito rigoroso aos constrangimentos da autoconservação. Em outros termos, a liberdade em relação à biologia é impossível.

Quanto à dominação, as coisas mudam uma vez que a liberdade reveste formas muito diversificadas e que, na impossibilidade de poder emancipar-se por completo, pelo menos se pode infletir de profundamente a relação que no âmbito individual se tem como ela, tanto do lado da servidão (La Boétie) como do lado da dominação.[19]

Por trás da liberdade, há para os gregos os constrangimentos vitais: consentimento em exercer a dominação sobre os escravos, o que faz com que essa liberdade que não produz qualquer remanejamento das relações entre dominação e servidão, não participe da emancipação *stricto sensu.*

A emancipação, quanto a ela, visa a um deslocamento na ordem das relações entre dominação e servidão, e é sobre isso mesmo que ela se avalia. A autoconservação é um constrangimento, mas como tal pertence à ordem biológica e não à ordem política.

E se a autoconservação interessa à política, isso se deve ao fato de a ameaça exercida sobre ela, como o vimos, *via* o medo, gerar o que de pior há de se esperar na ordem das condutas individuais e coletivas. Se uma emancipação for mesmo da ordem do possível,

19 Albert Hirschmann. *The passions and the Interests;* tradução francesa: *Les passions et les intérêts.* Paris: Presses Universitaires de France, 1980 [1977].

isso supõe, *de início*, a satisfação dos constrangimentos biológicos. Esse "de início" não poderia em caso algum justificar qualquer condescendência. Pode-se desprezar a riqueza, mas não se pode desprezar as leis da fisiologia! Toda vida passa por um corpo individual, pois é necessário um corpo para experimentar os afetos. A vida subjetiva, enquanto for o que se experimenta no mundo afetivo, repousa no corpo erótico e não no corpo biológico. Evidente! Mas se a vida do espírito e a cultura são o que há de mais admirável no mundo, é necessário também reconhecer que a cultura não tem corpo, a cultura não se experimenta em si. Ela é aquilo mediante o que os seres humanos se esforçam em honrar a vida, mas ela não é a vida. A exaltação da cultura repousa na ideia incontestável de que ela pode mais do que toda subjetividade individual, que toda vida individual. Não impede que ela mesma não seja vida. O valor da cultura não está em sua superioridade como tal. Seu valor só é efetivo a partir do instante em que ela se oferece em consignação para as subjetividades singulares, em permanente rodízio como recurso para o pensamento individual, como causa de gozo e de entusiasmo para a subjetividade individual e como exigência para a criatividade. A cultura desvinculada dos corpos vivos que têm o poder de seu usufruto e de enriquecê-la não tem qualquer valor. A cultura só tem sentido a partir do momento em que esteja ligada a corpos como condição imanente da vida. Por isso mesmo a cultura não justifica o sacrifício de uma única vida, que seria decretado por uma instância superior, que seja um Estado.

Em prol da cultura é necessário empreender uma luta sem descanso. Não apenas porque seres humanos se insurgem com frequência contra ela e querem às vezes destruí-la com a paixão destruidora da barbárie, mas porque ela exige, daqueles que querem oferecer-lhe suas contribuições, esforços extraordinários. Disso dão testemunho de maneira pungente os autores que são

Nietzsche, Chestov, Fondane, autores que Paul Audi elege para fundar sua "est - ética da criação".[20]

Engajar sua vida na cultura é sim arriscar sua própria vida subjetiva, ou seja, correr o risco de que a vida se rompa. Pois, entrar em diálogo com as obras apresentadas no grande acervo da cultura é perseguir o confronto até os limites extremos. Os limites da crítica de si próprio com base nos parâmetros estabelecidos pelas obras depositadas na cultura com base na qual o Eu, desestabilizado, corre o risco da descompensação psicopatológica. Duvidar, questionar, colocar em causa o que se tem como verdadeiro, quando nos expomos às obras da cultura podemos, para aquele que se engaja de fato, conduzir até a oscilação da clivagem do Eu e detonar essa angústia cujo núcleo é constituído na versão psicanalítica pela "angústia de queda no abismo",[21] na versão filosófica sendo identificada por Chestov como "experiência trágica" e por Fondane como "Baudelaire ou a experiência do abismo".[22] Se a cultura pode sim exigir sacrifícios, isso se dá sobretudo sob a forma de uma ameaça à vida subjetiva, individualmente, do que como condenação à morte de um ser humano por decisão suprema, sob pretexto, por exemplo, de salvaguardar uma cultura, o que nenhuma cultura poderia justificar.

Que os riscos assumidos possam chegar ao limite da escolha deliberada da morte pelo suicídio, tal alternativa só podemos ponderar com reserva. O suicídio pode participar da emancipação quando para um ser humano se tratar de uma maneira de se livrar de uma dominação exercida sobre ele pela força, no sentido de constrangê-lo a desonrar a vida. Mas expor a vida ao risco e ao sacrifício em nome da cultura só é admissível no limite estrito

20 Paul Audi. *Créer*, op.cit.

21 Cf. tomo I, capítulo 6.[b]

22 Léon Chestov. *La Philosophie de la tragédie (Dostoïevski et Nietzsche)* (1902). Paris: Flammarion, 1966 ; Benjamin Fondane. *Baudelaire ou l'expérience du gouffre* (1942). Bruxelas: Complexes, 1994.

em que isso depende de uma decisão individual direcionada exclusivamente à sua própria vida. É em razão dos riscos a que a emancipação expõe a vida subjetiva que a liberdade não é sempre desejável, longe disso, e há a referência ao *Discurso da servidão voluntária*, de La Boétie.[23] Nesse sentido, pode-se detectar uma convergência com a crítica da "*filopsíquia*" retomada por Arendt.

Mas, entre a servidão e a liberdade é necessário intercalar a questão da emancipação. E a política começa bem antes da liberdade. Ela talvez se reporte ao mundo, uma vez que esse é o espaço no qual se estabelecem entre os homens e as mulheres as relações que oferecem as condições a permitir aos que a buscam, a via da emancipação.

Trabalho e emancipação

Ousemos pois essas proposições. Não mais tratar o trabalho com condescendência e cessar de atribuir-lhe predicados típicos da servidão. Reconhecer ao trabalho livre a possibilidade de se colocar como uma provação de si pela qual a subjetividade se revela a ela mesma. Reconhecer ainda ao trabalho o poder de gerar ligações de cooperação, do viver junto ou da arte do viver.

Admitir a pertinência dessas proposições é afirmar que a política deveria atribuir ao "trabalhar" uma atenção específica, pois ao analisar o trabalho concreto é possível identificar *in statu nascendi* como se estabelecem e como cessam as condições do viver junto que são o objeto mesmo da política.

Cabe à filosofia colocar em evidência as armadilhas que o imaginário social dissemina no caminho do pensamento. O imaginário

23 Tristan Dagron. "Amitié, avarice et lien social chez La Boétie. Les paradoxes de la servitude volontaire". In: La Boétie, *Discours de la servitude volontaire*. Paris: Vrin, 2002.

social contemporâneo reitera o desprezo pelo trabalho, anuncia mesmo o fim do trabalho, encanta-se pela economia virtual e celebra um mundo reduzido a ser apenas coisa de gestores. O perigo do imaginário social é antes o de consagrar como verdadeiras ideias que não têm qualquer ligação com o real e de incitar seus dirigentes a levar os seres humanos pelo caminho das aventuras irracionais, e até mesmo mortíferas. Ora, é ainda necessário lembrar aqui, o acesso ao real passa sempre pela experiência irredutível de um trabalho vivo. E é precisamente porque apenas a experiência do trabalho permite manter a ligação com o real, e permite assim evitar sair à deriva do imaginário social, que o trabalho deve ser reconhecido no todo como objeto da política e da filosofia. A centralidade *epistemológica* do trabalho encontra, neste ponto preciso, a centralidade *política* do trabalho.

O trabalho – como trabalho vivo – é o termo que conceitua a ligação entre a subjetividade, a política e a cultura. E se "*amor mundi*" houver, então é necessário compreender por essa expressão as condições políticas que permitem a emergência do trabalho vivo. É desejável o mundo que permita aos seres humanos seu engajamento na criação (e na procriação) e que possa consignar um estatuto honrado aos frutos da criação (tal como para com os da procriação). Qual estatuto? Um poder de ação sobre o mundo. Ou, mais precisamente, um estatuto que outorgue uma licença para operar (ou um direito para a nova geração), que permita trazer sua contribuição para o mundo, pela qual seja possível transcender uma existência individual para juntar-se ao curso do desenvolvimento do mundo humano. Promessa magnífica de superação com base na qual possa germinar o entusiasmo de uma participação na cultura.

O trabalho é outrossim pretexto para fundar as ligações de solidariedade. Solidariedades contra a adversidade, em um primeiro momento: contra os riscos do trabalho para a integridade física e mental, ou contra a injustiça e dominação. Mas essas solidariedades para resistir à adversidade não esgotam o conjunto das possibilidades da solidariedade.

Pensar politicamente o trabalho é também centrar toda a atenção que ele merece na solidariedade técnica e na *cooperação*. Pois a cooperação repousa na mobilização dos recursos que estão no princípio mesmo de toda ação, a saber a atividade deôntica.

Ora, as condições a permitir a atividade deôntica de se desenvolver são, sem dúvida, difíceis de ser mantidas. A referência comum que está no fundamento da deliberação coletiva constituída pelo *real* supõe a formação de um espaço no qual se está autorizado a proferir críticas contra as concepções e as prescrições que enquadram trabalho. Críticas que nascem da própria experiência do trabalho e que se difundem e se aprimoram discussão coletiva.

Manter esse espaço no seio da organização supõe a formação de uma vontade coletiva. Mas essa última depende inteiramente da política, uma vez que a vontade comum não brota jamais por geração espontânea.

O trabalho coletivo e a cooperação, por repousar na atividade deôntica, introduzem na esfera da produção – *poiesis* – a dimensão específica da ação – *praxis*. Ao ignorar no trabalho a dimensão da ação cuja produção é o pretexto, a filosofia política abandona ao primado da racionalidade estratégica o que cabe à racionalidade axiológica.[24] Esta negligência é desastrosa, pois contribui para a desqualificação do exercício da deliberação na vida ordinária de trabalho que está no princípio mesmo da aprendizagem democrática.

Como caracterizar o espaço de deliberação no qual a atividade deôntica se desenvolve para produzir regras que estruturam a cooperação técnica e o viver junto? Pelas dificuldades que ele gera na prática da deliberação coletiva. O confronto das opiniões sobre

---

24 Bertrand Ogilvie. "Travail et ontologie de la résistance". In: *Théoriques*, n. 1, 2008.

a experiência do real (cujo acesso é dado pelo trabalho) só pode ser um exercício árduo porque a *formação das opiniões não precede sempre sua formulação* no espaço de deliberação. Situação paradoxal na aparência, no entanto de grande banalidade. A experiência do real, mediada pelo trabalho, é antes uma experiência do corpo a preceder sua simbolização e transmissão. Ou, para dizê-lo de outra maneira, a inteligência do trabalho está muitas vezes à frente de sua elaboração. A especificidade do espaço de deliberação está precisamente em conciliar as condições propícias a uma palavra incerta, a uma palavra inacabada, a uma palavra que se procura ou que procura traduzir a experiência, mesmo que ainda não tenha sido convenientemente designadas, o que diz respeito à semiótica.

A palavra é assim convocada não apenas para retratar a experiência e a opinião, mas também para proporcionar à inteligibilidade o que ainda não está totalmente consciente naquele sujeito mesmo implicado na deliberação coletiva.

O espaço de deliberação repousa no princípio que consiste em empregar o mais rigorosamente possível o poder da linguagem para catalisar a perlaboração. Essa propriedade da linguagem se deve ao fato de que falar com alguém é um dos meios mais poderosos de catalisação do *pensamento*. A ponto de que, ao falar, este que busca expressar sua opinião escuta-se por vezes proferindo propósitos que lhe revelam dimensões de sua própria experiência de trabalho (que é também a experiência do real) que ele ignorava até o momento em que se ouve falando. É o milagre da palavra, para o qual a psicanálise cunhou mesmo uma utilização regida por aquilo que Freud designava sob o nome de "*talking cure*".[25]

Mas o milagre da palavra não se produz a cada momento em que um sujeito fala. Pode-se também falar para não dizer nada.

---

25 Sigmund Freud. "De la psychanalyse". In: Œuvres complètes, tomo X. Paris: Presses Universitaires de France, 1993 [1910], p. 9.[c]

Em verdade, o milagre da palavra produz-se apenas quando ante a palavra viva há uma escuta. Escutar é também uma tarefa difícil, e pertence à filosofia política avaliar e destacar as implicações gigantescas da escuta para o funcionamento da democracia. Referindo-se ou não à racionalidade comunicacional que está no princípio do conceito de espaço público segundo Habermas, é necessário tratar a escuta como requisito irredutível da democracia.

Pois, assim como se pode, às vezes, falar para não dizer nada, pode-se também ouvir sem intenção de compreender.

O milagre da palavra só pode, advir quando aquele que fala tem a intenção de se fazer compreender por aquele que escuta, e se, conjuntamente, aquele que escuta tem a intenção de ouvir o que está sendo dito.

Em que condições essa situação pode constituir-se?

Falar é, para aquele que se implica na deliberação coletiva, arriscar-se de diversas maneiras: primeiro, tem-se o risco de não alcançar a formulação conveniente do que procura dizer; depois, o risco de expor-se, de mostrar publicamente sua experiência e os ensinamentos que dela obteve, ou seja, o risco de fazer-se criticar ou de provocar julgamentos malfazejos motivados por inveja ou ciúme. É também o risco de não justificar de maneira convincente o seu fazer aos olhos dos demais. É ainda o risco de revelar os segredos de suas habilidades e de perder as vantagens por eles conferidas na negociação de sua posição na arena social do trabalho.

Por que então falar em vez de se calar? Aquele que se implica só o faz à condição de ter a confiança suficiente no coletivo, mas também e sobretudo quando acredita que sua palavra pode ser seguida de um efeito, ou seja, resultar em uma ação, favorecer um consenso, aproximar pontos de vista, permitir uma decisão conveniente...

O milagre da palavra, ao final, pode se produzir quando, entre aquele que assume o risco de falar e aquele que escuta, existe uma *relação de equidade*.

A equidade entre a palavra e a escuta se dá quando em relação ao risco da palavra ocorre um risco comparável do lado da escuta. Isso será mais bem caracterizado ao se qualificar essa escuta pela expressão "*escuta arriscada*".

Em que consiste então esse risco por parte daquele que está na escuta?

O risco para aquele que escuta não é outro que o risco de ouvir. É arriscado ouvir, pois ouvir significa também compreender. A ponto de, às vezes, uma interpretação sobre o real diferente da minha pode de repente parecer-me mais verossímil, mais justa, mais convincente que a minha. Ouvir é correr o risco de ver de repente desqualificada aos meus próprios olhos a interpretação do real que eu considerava até então como verdadeira. O risco de ouvir nada mais é que o risco de uma desestabilização de minha relação com o real, relação que garante a permanência de minha identidade. O risco de ouvir é assim a angústia de oscilar em minhas próprias convicções e de perder as referências às quais minha identidade deve a sua estabilidade.

Compreende-se facilmente que a escuta, uma vez que ela se esforça para ser uma escuta arriscada, é uma prática difícil. Mas a democracia, isto é, o exercício mesmo da política, não poderia fazer a economia de um dispositivo assegurando a equidade entre a palavra e a escuta.

Cuidar das condições de equidade no interior de um espaço de deliberação coletiva depende propriamente de uma competência política, cujo ponto crítico reside na aptidão daquele que assume a autoridade de correr o risco de ouvir.

Se fosse necessário recapitular o que implica a tese da *centralidade do trabalho*, poderíamos dizer que toda organização do trabalho faz surgir por seu próprio funcionamento a questão do espaço de deliberação coletiva dedicado à expressão das opiniões (sobre as diferentes maneiras de tratar o real do trabalho). Toda organização do trabalho leva ao tema da pluralidade do trabalho vivo. E os desdobramentos que lhe são imputados nunca são neutros: ou a equidade entre a palavra e a escuta é assegurada, e a deliberação participa da aprendizagem e da manutenção da democracia, ou a deliberação é manipulada e vilipendiada, e se aprende então a se subtrair da deliberação e a desconfiar de toda implicação em uma *praxis* que pode desqualificar o pensamento, pensamento justamente inspirado pelo trabalho vivo.

O espaço de deliberação que nasce das dificuldades encontradas por uns e por outros diante do real do trabalho tem um valor inestimável e insubstituível. Por essa razão trata-se do lugar onde, melhor que em qualquer outra parte, podem se expressar as opiniões que abrangem conjuntamente e *o real e a vida* (o trabalho vivo) sem outra mediação que a palavra viva. É nesse sentido que o espaço de deliberação consagrado ao trabalho, por permanecer constantemente o mais perto possível da maneira como a experiência da vida se revela pela *praxis*, pode legitimamente ser habilitado não apenas como espaço político por excelência, mas também como espaço gerador do político, tal como dele tentamos apreender aqui as características: o político a um só tempo inoculado na vida e intérprete dessa mesma vida até no amor do mundo.[26]

Sair da crise em que a política submergiu só é possível ao preço de um conflito teórico com a tradição filosófica, esta que desde os gregos erigiu-se de forma incansável como desabonadora do

26 Christophe Dejours. "Le travail entre résistances et production du politique". In: N. Borgeaud-Garciandia, B. Lautier, R. Penafiel & A. Tizzani (org.). *Penser le politique en Amérique Latine*. Paris: Éditions Karthala, 2009, pp. 325-333.

trabalho e da vida para opor-lhes a coragem de afrontar a morte e a virilidade do guerreiro.

Esta tradição desconhece o poder gigantesco do trabalho vivo e o que toda civilização lhe deve. Ela não cessou de encobrir a genialidade e de exaltar a ideia de uma liberdade cuja conquista só seria possível aos homens que começaram de início por se desvencilhar do trabalho.

O mundo do trabalho, hoje, não pode ser reconhecido como um mundo. Os que nele habitam em nossos dias o fazem ao preço da experiência de viver no deserto e na desolação. Contudo, é de se destacar que, malgrado o repúdio que vitima o trabalho, a cultura só se alimenta de trabalho vivo, o dos artistas, o dos pensadores, com certeza, mas também o do povo humilde, de todos aqueles que se esforçam, mediante o trabalho bem feito, em honrar a vida.

Se a dominação do trabalho é o motivo escondido do desprezo que causa, forçoso é admitir que reconhecer o que a cultura deve ao trabalho vivo só pode ocorrer mediante uma filosofia crítica interessada em mostrar, *a contrario*, o que a decadência de nosso mundo (a dissolução progressiva da civilidade e a progressão da violência) deve ao ressentimento daqueles que sofrem todos os dias a recusa do trabalho vivo.

Reequilibrar a relação das forças simbólicas entre aqueles que infamam o trabalho e os que defendem sua centralidade é hoje a passagem obrigatória para liberar a força do trabalho vivo e permitir-lhe irrigar a esfera do político. Desde que se tenha a esperança de esconjurar a progressão da violência na pólis, seria necessário, para dar-lhe corpo, fazer prova de uma vontade inabalável de reencantamento do trabalho.

Reencantar o trabalho deveria, portanto, ser uma prioridade da política. Reencantar o trabalho não é um objetivo ilusório. Reencantar o trabalho não demanda nada senão reconhecer e apoiar-se na força proposicional e deôntica daqueles que abraçam com talento a relação entre trabalho e emancipação para levar a sua *praxis* até as instituições e traduzir sua experiência do mundo em arte de viver.

Notas do tradutor

a *Philopsychia*, no original.

b Cf. nota *b* do capítulo 6 do tomo I, "Entre pulsão e compulsão", p. 150.

c Sigmund Freud, "Sobre a psicanálise". In: Edição Standard Brasileira das Obras Psicológicas Completas de Sigmund Freud, Vol. XII. Rio de Janeiro: Imago, 1969 [1911].

8. Deontologia do fazer e democracia

Hannah Arendt mostra que nas sociedades modernas o entusiasmo pela política e pela ação tende a dissolver-se em prol do individualismo. Esta ideia, nós a encontramos já formulada de maneira explícita em Tocqueville, em que, por sinal, Arendt apoia-se em parte de sua análise.

> *Após tomar, assim, um a um, cada indivíduo em suas poderosas mãos e amassá-lo ao seu bel prazer, o soberano [ou seja, o novo despotismo a ameaçar os povos democráticos] estende os seus braços sobre toda a sociedade; [...] ele não aniquila as vontades, ele as amolece, as dobra e as direciona; ele raramente força uma ação, mas sempre impede que se aja; não destrói, mas os nascimentos; não tiraniza, perturba, comprime, importuna, apaga, embrutece e reduz por fim cada nação a ser apenas um rebanho de animais tímidos e aplicados, cujo governo é o pastor.*[1]

1 Alexis de Tocqueville. *De la démocratie en Amérique*, tomo II. Paris: Flammarion, 2008 [1845], p. 435.

> *É difícil [...] conceber como homens que abdicaram do hábito de se autogovernar poderiam ter êxito na escolha daqueles que devem conduzi-los; e não se pode com seriedade acreditar que um governo liberal, enérgico e judicioso possa algum dia sair do sufrágio de um povo de servidores.*[2]

Há no entanto entre Tocqueville e Arendt uma diferença de apreciação no tocante às relações entre trabalho e política. Segundo essa, o trabalho é deletério para a política não apenas quando ele é realizado objetivando um lucro (orientação não aristocrática em relação ao trabalho), mas, de maneira geral, por ser incompatível com a política; segundo aquele, seria antes o inverso: a democracia e o individualismo, ao confiscar o político propriamente dito, levam os homens para as atividades laborais e comezinhas.[3] Tocqueville vai além e em diversas oportunidades intui na cooperação o poder de abrir a via para a política, em razão das relações que ela mantém com a associação.

> *Homens, por acaso, demonstram um interesse comum em certa situação. Seja uma empresa comercial a dirigir, uma operação industrial a conduzir; eles encontram-se e unem os seus esforços; eles se familiarizam aos poucos dessa maneira com a associação.*[4]

> *Mais a quantidade desses pequenos negócios simples aumenta, mais os homens adquirem, independentemente*

2 Idem, p. 438.
3 Alexis de Tocqueville. *De la démocratie en Amérique*, op. cit., pp. 212-214.
4 Alexis de Tocqueville. "Rapport des associations civiles et associations politiques", idem, p. 166.

> *de sua vontade, a faculdade de prosseguir juntos nos grandes.*[5]

Tocqueville observa como a associação oferece a possibilidade de um aprendizado da política:

> *Eles não saberiam permanecer por um longo período como membros dessas associações sem descobrir como se mantém a ordem dentre uma quantidade importante de homens, e mediante esse processo lograr o direcionamento, em harmonia e metodicamente, rumo a uma mesma meta. Eles aprendem a submeter sua vontade à vontade de todos os demais, a subordinar os seus esforços particulares à ação comum, tudo o que é necessário saber nas associações civis, tanto como nas associações políticas.*

Retornemos a Arendt. Se seu pensamento ocupa um lugar tão importante, isso se deve ao fato de ela ser uma das poucas que se debruçaram sobre a análise do trabalho, com base em preocupações da alçada exclusivamente da filosofia política. Seu julgamento sobre o trabalho nas democracias modernas é irrevogável. E em muitos aspectos, a evolução recente de nossas sociedades, assim como dos universos de trabalho, parece dar-lhe razão. O espaço da política está a cada dia mais desertado pelos trabalhadores; um espaço cada vez maior é ocupado pelas atividades industriosas (tanto de produção como de reprodução, de trabalho profissional e de trabalho doméstico) nas preocupações de nossos contemporâneos, é acompanhado efetivamente de um recuo sensível nos interesses pela emancipação. E ainda, a desesperança social ocupa um espaço

---

5 Ibidem, passim.

a cada dia mais estrondoso: agravação da violência na pólis, aumento das patologias mentais ligadas ao trabalho, suicídios.

O estatuto do trabalho

E, de fato, a abordagem pela clínica confirma que o trabalho possui em si um poder de desdobramento da razão instrumental que pode proporcionar a degeneração de qualquer democracia ao abafar o pensamento ético e político nas estratégias de defesa que os trabalhadores empregam no combate ao medo. É precisamente em razão desse risco de que o trabalho constitui um problema político maior para a democracia.

Ao se desviar do trabalho e expurgá-lo, como ocorria na Antiguidade, às gemônias, sob pretexto de seu poder maléfico, em vez de abraçá-lo estreitamente como um problema político de nosso tempo, Hannah Arendt talvez tenha cometido aí um primeiro erro.

Ao desconhecer os recursos substanciais que encerra o trabalho em relação ao viver junto, à construção das solidariedades e à formação da vontade coletiva de agir (pelo viés da cooperação e da deontologia do fazer), Hannah Arendt cometeu então, provavelmente, um segundo erro.

Mas, tanto quanto Freud, por sinal, Hannah Arendt, não se interessando pelo trabalho como tal, não suspeitou de suas extraordinárias capacidades de propulsão. Arendt e Freud não estão sós nesta situação. A maioria dos pensadores ignora tudo, ou quase tudo, sobre o que as ciências do trabalho, em particular a clínica do trabalho, permitem desvendar das relações entre o trabalho e a ação. Ainda concebem o trabalho como dispêndio de força – como força indiferenciada de trabalho – e pensam o emprego e eventualmente o contrato de trabalho, mas não ultrapassam esse patamar para penetrar na materialidade do "trabalhar", nos processos subjetivos e coletivos concretos do "trabalhar individual" e do "trabalhar junto".

Um lugar de destaque deve ser dado, por isso, aos filósofos da Escola de Frankfurt, em particular a Axel Honneth, uma vez que este último consagra – na teoria do reconhecimento – um lugar específico à esfera do trabalho. Significa que, em torno das questões levantadas pelas relações sociais de trabalho e emprego podem formar-se, segundo Honneth, práticas sociais e políticas orientadas para a emancipação. Assim, *a contrário* do usualmente exposto, o trabalho não é apenas gerador de alienação.

A ideia segundo a qual o trabalho pode ser um mediador da emancipação não é apenas de ordem teórica. Todos estão prontos a reconhecer (sem, contudo, assumir as consequências teóricas e políticas) que é através da relação com o trabalho que progride a emancipação das mulheres e que se transformam a cada dia as relações de gênero.[6]

Mas é sobretudo em Marx que, em geral, convergem as discussões sobre as relações entre trabalho e emancipação. Há, no entanto, na leitura dessa parte do pensamento marxiano controvérsias que de modo algum foram superadas. A maioria os estudiosos de Marx retem os escritos que focalizam o trabalho com base na ideia maior de alienação, no sentido pejorativo do termo: *alienação do trabalho*, quer dizer a instauração de um corte entre o ato de trabalho (ou de produção) e seu autor, de um lado, o resultado do trabalho (ou o produto) e o capitalista, de outro. A *alienação pelo trabalho* remete principalmente às incidências de despersonalização do trabalho sobre a subjetividade

6 Dominique Schnapper. *La France de l'intégration: Sociologie de la nation en 1990*. Paris: Gallimard, 1991.

daquele e daquela que consente em dobrar-se diante de uma organização do trabalho pensada, decidida e controlada por outro.

A outra ideia que os leitores atentos retêm dos escritos de Marx sobre o trabalho é a do *primado do trabalho* sobre o conhecimento: é pela experiência do mundo – à qual o trabalho proporciona o acesso – que a verdade se revela. Ou, para dizê-lo de outra maneira: o trabalho é uma condição imanente de todo conhecimento possível.

Mais raros são os autores que retêm os outros eixos do pensamento marxiano sobre o trabalho, quais sejam: o trabalho como provação de revelação a si mesmo dos poderes do ser humano, de uma parte; o "trabalho social" como viés da emancipação, de outro. Quando essa temática é considerada, essas duas dimensões, individual e coletiva, são em geral detectadas juntas. Mas as opiniões divergem sobre a maneira como são tratadas por Marx. Para Michel Henry, o trabalho para Marx – não apenas nos *Manuscritos de Paris*, mas também em textos muito posteriores – não verdadeiramente tratado em sua quididade, mas apenas como trabalho fundamentalmente individual e subjetivo. Para outros, ao contrário, há em Marx[7] "uma teorização do caráter constitutivamente social da vida individual".[8]

Mas, segundo Michel Henry, desse pressuposto da sociabilidade natural do homem (ou seja: que é "natural, isto é, que é dada antes de ser historicamente transformada pela atividade humana"), Marx não se serve como operador de inteligibilidade:

> *Esta estrutura social da existência individual que faz com que o indivíduo viva de forma espontânea em uma coletividade como na "comuna primitiva" [...] – essa estrutura "[...] não explica o capital": a*

7 Karl Marx. *Grundrisse*, 1857-1858.

8 J. Texier (1983) apud Michel Henry. *Phénoménologie de la vie*, tomo III: *De l'art et du politique*. Paris: Presses Universitaires de France, 2004, pp. 69-70.

> *mais-valia, a renda, os juros etc. [essa estrutura social] não é um fator teórico de explicação da realidade econômica. É sempre com base no do trabalho e no sobretrabalho de um operário considerado isoladamente que Marx constrói suas análises, seus cálculos e suas demonstrações.*[9]

E Michel Henry acrescenta:

> *Dito isso, oferecer uma teoria filosófica da sociedade, quer dizer, da intersubjetividade, que seria realizada a partir da praxis e não mais da consciência, como no pensamento clássico, seria muito interessante. Mas não creio que essa teoria exista explicitamente em Marx.*[10]

Axel Honneth diz algo muito semelhante em um texto de 1980 referindo-se de maneira específica ao conceito de trabalho. Esse texto reconstitui o modo como o trabalho foi conceituado nas diferentes etapas da teoria crítica da Escola de Frankfurt desde Horkheimer e Adorno até Habermas, passando por Marcuse, e restabelece o debate em relação à filiação alemã, partindo de Hegel até Marx e Lukács, passando por Feuerbach e Scheler. A propósito de Marx, Honneth escreve:

> *Marx queria compreender o trabalho não apenas do ponto de vista da determinação das finalidades do crescimento econômico no seio da sociedade, mas do ponto de vista das finalidades prático-normativas de um desenvolvimento emancipatório. [Adiante prossegue:] Em nenhum momento nos Manuscritos de Paris Marx*

---

9 Idem, p. 70.

10 J. Texier (1983) apud Michel Henry, op. cit., p. 70.

> *justificou a tese central e dessa argumentação segundo a qual a emancipação dos trabalhadores deve se explicar pelas relações imanentes do trabalho alienado. Marx não foi capaz de preencher com argumentos a lacuna entre o caráter do trabalho – estabelecido antropologicamente como ato de objetivação – e a situação histórica do trabalho social alienado.*[11]

Em outros termos, Marx não conseguiu estabelecer teoricamente os elos intermediários entre a dimensão antropológica de revelação - realização (objetivação de si) efetuada no plano individual pelo trabalho e a dimensão sociopolítica (emancipação) no plano coletivo.

O trabalho concebido não apenas como uma infelicidade (alienação), mas como meio de subversão da dominação social (emancipação) supõe o estabelecimento dos elos intermediários entre ordem individual da *praxis*[12] e ordem coletiva da ação política, o que Marx não estabeleceu de maneira explícita.

---

11 Axel Honneth. "Arbeit und instrumentales Handeln. Kategoriale Probleme einer kritischen Gesellschaftstheorie". In: Axel Honneth & Urs Jaeggi. *Arbeit, Handlung, Normativität. Theorien des Historischen Materialismus*, vol. 2. Frankfurt a/Main: Suhrkamp Verlag, 1980; tradução francesa: "Travail et agir instrumental. À propos des problèmes catégoriels d'une théorie critique de la société". In: *Travailler*, n. 18, 2007, pp. 17-57.

12 O termo *praxis*, aqui, é tomado no sentido marxista, qual seja, no sentido de um trabalho que implica a subjetividade. O que Marx caracterizava pelo termo de *praxis* foi o que ele obteve de sua análise do trabalho, a saber, que o trabalho é individual, vivo e subjetivo. Nos dois volumes do presente ensaio, com exceção desta seção, o termo *praxis* não é tomado no sentido marxista, mas no sentido de ação moralmente justa que Aristóteles opõe especificamente à *poiesis* (atividade de produção ou trabalho).

Axel Honneth revela em seu texto:

> *Eu gostaria de contribuir indiretamente na solução desse problema procurando, ao contrário da dissolução do conceito que se instalou desde Marx, reconstruir um conceito crítico de trabalho.*[13]

Mas como o precisa Emmanuel Renault, Honneth engajou-se na sequência em outros caminhos da pesquisa que também integram o seu programa de filosofia sobre a teoria do reconhecimento e não voltou à questão do conceito crítico de trabalho.[14]

É por essa porta, no início fechada por Hannah Arendt e Habermas, posteriormente entreaberta por Axel Honneth, que tentei, com este livro, voltar a provocar uma discussão: o "trabalhar", uma vez que se leva a sério esses dois registros fundamentais – a relação subjetiva com a tarefa que depende da ordem estritamente individual, de um lado; a cooperação que depende da ordem do coletivo, do outro –, é todo ele político.

No primeiro registro, o da inteligência no trabalho ou da engenhosidade, pelo viés da subversão poiética, encontram-se engajadas efetivamente a questão da identidade e, de modo mais radical, a questão da vida subjetiva cujo advento e ampliação são, segundo o meu ponto de vista, o desafio irredutível de toda política preocupada com a condição humana e o seu futuro.

Com o segundo registro, o da inteligência coletiva e da cooperação horizontal e vertical através da deontologia do fazer, está engajada a questão do viver junto, da civilidade e da esconjuração da violência.

---

13 Axel Honneth. "Arbeit und instrumentales Handeln. Kategoriale Probleme einer kritischen Gesellschaftstheorie", op. cit.

14 Renault Emmanuel, "Reconnaissance et travail". In: *Travailler*, n. 18, 2007.

O nível individual do "trabalhar" constitui um desafio da política, o nível coletivo constitui um *objeto* político por inteiro. De fato, o "trabalhar" ordinário no mundo contemporâneo implica a *poiesis* em nível individual e a *praxis* no coletivo, se se entende esses termos em sua acepção aristotélica. A oposição estabelecida por Aristóteles é heurística no plano conceitual. Mas, na prática, não há trabalho coletivo sem mobilização não apenas da *techné* mas também da *boulesis* – deliberação. Não há inteligência coletiva sem mobilização não apenas da *métis* (inteligência astuciosa), como também da *fronesis* (sabedoria prática).

A oposição entre as duas dimensões, retomadas como oposição quase antagônica por Hannah Arendt, e também admitida por Habermas, não resiste à investigação clínica. *Poiesis* e *praxis* correm juntas. Marx, de sua parte, havia também colocado em causa a oposição aristotélica entre *poiesis* e *praxis* para adotar um termo de *praxis* que Honneth qualifica de uma maneira um tanto pejorativa:

> *Nessa figura incerta do pensamento de Marx, os limites se tornam difusos entre o tipo de atividade implicado no trabalho sobre a natureza e o tipo que, em sua tese sobre Feuerbach, ele esboça explicitamente sob o título de "atividade prático-crítica" (praktisch-kritische Tätigkeit), como prática emancipatória e política. Nessas mesmas teses, o conceito teórico da ação revolucionária (revolutionäre Handeln) é estranhamente amalgamada com o conceito de trabalho [...], sob o conceito vago e geral de "praxis".*[15]

Michel Henry, de sua parte, analisa em detalhe a distância adotada por Marx em relação à teoria da ação e da epistemologia aristotélicas.[16]

15 Axel Honneth. "Arbeit und instrumentales Handeln. Kategoriale Probleme einer kritischen Gesellschaftstheorie", op. cit.

16 Michel Henry. "Le concept de l'être comme production". In: *Phénoménologie de la vie*, tomo III: *De l'art et du politique*, op. cit., p. 11-40.

Já, Rosanvallon escreve:

> *O político, tal como o entendo, corresponde a um só tempo a um campo e a um trabalho. Como campo ele designa o lugar onde se entrelaçam os múltiplos fios da vida dos homens e das mulheres, aquele que oferece enquadramento ao conjunto de seus discursos e a suas ações. Ele remete aos fatos da existência de uma "sociedade" que aparece aos olhos de seus membros como um todo que faz sentido. Como trabalho, o político qualifica o processo pelo qual um grupamento humano, que compõe por si só uma simples "população", ganha progressivamente os aspectos de uma verdadeira comunidade. É assim constituído pelo processo sempre litigioso de elaboração de regras explícitas ou implícitas do participável e do compartilhável que dão forma à vida da pólis.*[17]

Rosanvallon fala aqui explicitamente de trabalho, mas é provável que os princípios do mundo do trabalho não sejam observados pelo autor, que, muito provavelmente, não aceitaria a aproximação de seu propósito sobre a elaboração das regras à atividade deôntica sobre a qual insisto ao longo deste livro.

De fato, a clínica do trabalho mostra que no trabalho residem os maiores expedientes para a geração do político. Contudo, é necessário precisar que, de uma perspectiva "positiva", a aprendizagem e o exercício de competências próprias à *praxis* são possíveis apenas quando uma organização do trabalho implica a coordenação das *atividades de ofício*. Encontra-se, no decorrer de todo o texto marxiano, assim como no arendtiano (mesmo que

17 Pierre Rosanvallon. *Pour une histoire conceptuelle du politique*. Paris: Seuil, 2003, p. 12.

ela distinga o *labor* da *obra*), a referência reiterada do *trabalho artesanal* como modelo de referência quanto ao processo de realização ou de revelação da subjetividade pelo trabalho, ou ainda do processo descrito sob o nome de "objetivação" pelo trabalho.

Para nós, a distinção não deve ser entre trabalho não qualificado e trabalho artesanal, mas entre trabalho não qualificado e trabalho de ofício profissional, enquanto este último só pode ser definido e evoluir graças às regras (do ofício ou da arte) que o estruturam. E os ofícios na indústria, na agricultura e nos serviços são extremamente numerosos, nascem do progresso técnico e da evolução da divisão social do trabalho, alheio a qualquer ligação com o artesanato.

Insistir nas ligações entre atividade de ofício e atividade deôntica e, ademais, no exercício de competências a depender da *praxis* e do político, é indicar, *a contrário*, que as organizações do trabalho onde há um esforço em fracionar os ofícios e recriá-los fragmentados – por exemplo: como trabalho repetitivo sob o constrangimento do tempo – são *a priori* deletérias para o exercício das competências políticas.

Afirmar que o trabalho em certas formas de organização do trabalho constitui um poder regenerador do político é também dizer que outras formas de organização do trabalho constituem de fato métodos de governança capazes de desestruturar o poder de pensar, sendo elas prejudiciais também na esfera do político. Isso explica por que as forças coletivas de intervenção que brotam em condições particularmente desfavoráveis para o pensamento e para a deliberação racional devem ser consideradas com circunspecção. Não se pode deixar de evocar o aviso de Tocqueville anteriormente citado:

> *É difícil [...] conceber como homens que abdicaram ao hábito de se dirigir a si mesmos poderiam ter êxito na*

> *escolha daqueles que devem conduzi-los; e não se pode com seriedade acreditar que um governo liberal, enérgico e judicioso possa algum dia sair dos sufrágios de um povo de servidores.*[18]

Em razão de seu impacto sobre a mobilização e a desmobilização da vontade de agir dos trabalhadores, a organização do trabalho pertence, quer se queira quer não, à ordem do político, para o melhor e o pior! O que não admitem, em sua maioria, os pensadores.

Deontologia do fazer e democracia

Revelar o poder gigantesco do trabalho vis-à-vis o político não significa que a concepção e a gestão racionais das questões relativas à deontologia do fazer sejam por si só capazes de produzir uma democracia. Em contrapartida, é necessário relembrar, uma vez mais, a desestruturação da deontologia do fazer por certas formas de organização do trabalho são capazes de destruir todos os propulsores da solidariedade e a criação do "deserto" na empresa. Esta desestruturação da deontologia do fazer, pois, pode com o tempo destruir as ligações de civilidade e comprometer profundamente a mobilização cívica por inteiro, tal como mostram algumas pesquisas.[19]

Seria possível precisar a fisionomia das relações entre a deontologia do fazer e a política na pólis? Até onde pode avançar a deontologia do fazer? Por onde passaria a ação que, ao partir de deliberações acerca das regras do trabalho, chegaria a renovar as leis da pólis?

---

18 Alexis de Tocqueville. *De la démocratie en Amérique*, tomo II, op. cit., p. 438.

19 Robert Karasek & Töres Theorell. *Healthy work, stress, productivity and the construction on the working life*. Nova York: Basic Books, 1990.

A propósito da cooperação vertical e da autoridade, abordei a questão das ligações entre trabalho ordinário e *Kultur* (cultura e civilização). E nessa oportunidade evoquei a psicodinâmica do entusiasmo que nasce, às vezes, do trabalho coletivo quando este se abre sobre a consciência de participação em uma obra comum que tem por objetivo honrar a vida.

O trabalho e as negociações sobre o trabalhar junto, que se iniciam no espaço de deliberação interno à organização ou à empresa, constituem uma atividade normativa que pode também ter incidências para além das regras de trabalho, alcançando os princípios e as regras de governança e de direção da empresa como um todo (gerenciamento ou governança, como se costuma designar hoje no mundo empresarial). A atividade deôntica leva não apenas à produção dos acordos normativos e das regras de trabalho, como ainda à elaboração dos princípios do controle, da vigilância e do comando. Ainda mais diretamente, a atividade deôntica, no domínio da cooperação vertical, participa na formação da autoridade e coloca essa em provação quanto às formas concretas de comando, vigilância, controle e hierarquia. A atividade deôntica se estende então até mesmo na dimensão propriamente institucional.

Por causa de seu objetivo cognitivo-instrumental – "produzir" –, o trabalho inclina-se por fazer emergir entre aqueles e aquelas que trabalham a vontade de procurar um entendimento suficiente para que possa ocorrer a cooperação. Em outros termos, em razão do objetivo instrumental que é o seu, o trabalho, uma vez que requisita a cooperação, faz surgir "necessidades" éticas e deônticas. Ao considerar que a atividade deôntica proporcionada pelo trabalho alcança todos os níveis da organização ou da empresa, ela tende a estender o seu campo de ação até à "convenção geral" dessa organização ou empresa, ou seja, a atingir o registro propriamente institucional, e mesmo o registro do direito.

O poder de intervenção em nível institucional é mais fácil de ser percebido quando proveniente de uma transação importante ou de um tema particularmente grave, capaz de perturbar o funcionamento da organização. É o caso, por exemplo, das consequências e medidas supervenientes a um acidente com morte, de um suicídio, de uma pane ou de uma disfunção que coloca em risco a segurança das pessoas, das instalações ou a perenidade da produção. Em uma empresa ou em um órgão público em que são mantidos os espaços de deliberação da organização do trabalho, muitos assalariados percebem com clareza seu poder de agir sobre as instituições, sobre os órgãos de transmissão, sobre a interpretação dos textos, dos regulamentos, das leis, graças à sua palavra, à sua participação nas instâncias com poder deliberativo, e graças à sua intervenção nos debates e nas assembleias.

Para além da contribuição que eles imprimem na organização do trabalho *stricto sensu* (através da cooperação), os assalariados podem, às vezes, ter uma influência na governança mesma da empresa ou da organização. Esta influência passa pelo poder de agir do qual eles se servem com destreza quando se trata de elaborar compromissos práticos entre a direção e os assalariados acerca da organização do trabalho.

Esse poder de agir raramente alcança um poder instituinte (no sentido que reveste esse termo nos trabalhos de Castoriadis), mas pode contudo chegar perto, como se observa quando se decide "criar novas estruturas": novas estruturas de cuidado em uma organização pública ou privada; novos serviços para a clientela em uma empresa de distribuição; o remanejamento da arquitetura administrativa e comercial de uma empresa que se internacionaliza; criação de uma célula de crise para o atendimento de incidentes de uma catástrofe natural ou industrial na empresa etc.

A possibilidade de participar, de contribuir com a deontologia institucional suscita, em geral um forte movimento de interesse por parte dos assalariados, que se implicam nesta ação sem medir esforços. A experiência do agir institucional é muito apreciada por permitir que se transcenda a experiência ordinária do trabalho, conferindo-lhe um recurso na elaboração coletiva de dispositivos objetivando o interesse comum ou o interesse geral.

Ao lado da articulação entre o trabalho ordinário e a cultura, tema abordado com mais detalhes no capítulo 4, convém abrir espaço para a articulação entre o trabalho ordinário e a ação sobre as instituições da empresa e mesmo sobre as da pólis.

Esta dupla articulação do trabalho com a cultura e as instituições está em estado latente em todas as organizações do trabalho, desde que mobilizem ofícios e cooperação. No estado *latente*, apenas! Pois a *realização* dessas articulações entre trabalho e cultura, entre trabalho e instituições depende, a montante e no fundo, da maneira como é pensada e operacionalizada a organização do trabalho, uma vez que é simultaneamente técnica e, *nolens volens*, política.

Quando essas articulações são de fato estabelecidas e convenientemente mantidas pelo gerenciamento, geram, no mais das vezes, o *entusiasmo* entre os trabalhadores que enxergam a possibilidade de inscrever o seu próprio trabalho em uma obra ou em uma ação que o *transcende*. O entusiasmo aqui não tem apenas o estatuto de "suplemento de alma", ele se manifesta a cada vez que é realizada essa experiência da contribuição em relação à cultura ou à política. E mesmo por vezes, além disso, desde que o acesso a essa experiência aponte para uma meta possível ou para uma promessa. É testemunha de um tal fenômeno a paixão e a paciência daqueles e daquelas que se engajam em estudos longos e difíceis, com vistas, precisamente e graças ao trabalho, em aceder ao registro específico da obra ou da ação.

Trabalho e necessidade de transcendência

Em diferentes oportunidades mencionei que essa relação com a transcendência no trabalho não é um detalhe acessório, nem simples suplemento da alma que se poderia tratar com sarcasmo sem que isso acarretasse sérios inconvenientes. A *necessidade de transcendência* é uma invariante do gênero humano, da qual testemunham as civilizações, as culturas e as religiões. Uma invariante do gênero humano não é uma invariante do ser humano individual, como o é o corpo humano, que, independentemente de seus traços particulares e únicos, compartilha um conjunto de características com todos os demais corpos humanos, de maneira que, não obstante as variações entre os corpos singulares de cada indivíduo, todo corpo humano possui traços comuns com os demais corpos, graças ao que o corpo humano deve ser reconhecido como uma invariante que se encontra em todo ser humano.

Assim, a necessidade de transcendência é uma invariante do *gênero humano*, o que não quer dizer que a encontremos em cada ser humano, qualquer que seja. Mas uma invariante, seja ela do gênero humano e não própria a cada indivíduo, permanece uma invariante, o que significa que não se pode tratá-la como elemento contingente da condição humana. Uma sociedade humana só pode perdurar se uma via for copiosamente aberta para a transcendência. Tal é a vocação da cultura, se por cultura entender-se o conjunto das obras que os habitantes da pólis realizam juntos para honrar a vida.

Dessa necessidade de transcendência muitos filósofos se referiram desde a Antiguidade. Mas a partir do Iluminismo não há mais unanimidade sobre sua quididade. A necessidade de transcendência é uma invariante cuja abolição levaria, de maneira inevitável, a uma posição de perigo para os seres humanos e à decadência de sua pólis? Ou, ao contrário, ela corresponde a uma ilusão arcaica deletéria que se constitui como obstáculo ao progresso científico e social da humanidade? Parece um tanto incongruente que um clínico intervenha no terreno que é da alçada da soberania dos filósofos. Mas o fato é que a clínica de hoje – aquela que se manifesta pelas patologias, em particular depressivas no mundo do trabalho, de uma parte; a que se manifesta pela violência no mundo excluído do trabalho, de outra –, assim, a clínica de hoje pleiteia a primeira hipótese: todas essas patologias depressivas e essas condutas violentas se ampliam concomitantes à desestruturação profunda das relações entre trabalho e cultura, assim como à capitulação das aspirações à transcendência em face da irresistível ascensão do "realismo" dito "realismo econômico".

A aspiração à transcendência poderia selar com o "trabalhar" ligações de coalescência ou de concatenação. Reencontramos aqui, no âmbito da relação subjetiva com o trabalho, questões que lembram o debate entre os partidários do utilitarismo e os do paradigma do talento,[20] na teoria social. Deranty *et alii* escrevem a propósito:

> *O paradigma do talento autoriza observar que não há o que escolher entre interacionismo interpessoal puro e troca utilitária de bens; que as duas lógicas de interação simbólica e material estão imbricadas e cada qual depende da outra.*[21]

20 Christian Lazzeri & Alain Caillé. "Recognition today. The theoretical, ethical and political stakes of the concept". In: Jean-Philippe Deranty, Danielle Pether-bridge, John Rundell & Robert Sinnerbrink (org.). *Recognition, work, politics: New directions in french critical theory*. Leiden-Boston, Brill, 2007.

21 Jean-Philippe Deranty, Danielle Petherbridge, John Rundell & Robert Sinnerbrink (org.). *Recognition, work, politics: New directions in french critical theory*. Leiden-Boston: Brill, 2007, p. 14.

É essa imbricação que deve ser caracterizada na esfera do trabalho, no âmbito da qual as relações sociais de trabalho são antes submetidas a uma regra de troca utilitarista, mas onde, de fato, há sempre algo a mais que transborda do estrito espaço de interação utilitarista, sem o que nenhuma produção seria possível. Meu objetivo, aqui, é salientar o que já foi dito no capítulo 2 do primeiro tomo sobre a inteligência no trabalho, e particularmente sobre o zelo.

Para retomar sumariamente o que se está discutindo, pode-se dizer que, para viabilizar uma produção deve-se dispor do zelo e das habilidades dos trabalhadores. Quer queira quer não, adquirir essas habilidades passa por um engajamento do corpo, de sua sensibilidade e finalmente de sua subjetividade como um todo, incluindo-se mesmo o envolvimento da intimidade mais privada, a do sonho. A relação de troca entre o patrão e o assalariado é desigual: não apenas em razão do capital, mas ainda porque o que oferece de fato o trabalhador para produzir um trabalho de qualidade passa por um envolvimento total, psíquico, afetivo e corporal, enquanto o empregador investe tão só o seu dinheiro.

O que sugere a clínica do trabalho e que tentei mostrar no primeiro tomo é que não há meios de se fazer de outra maneira senão se envolver com convicção em sua tarefa, isso para todos os que buscam trabalhar bem. Assim é necessário correr riscos importantes em relação a si mesmo (problema da aquisição das habilidades profissionais) e em relação aos demais (problemas colocados pela atividade deôntica e pela cooperação). Para recapitular os elementos da clínica em uma significação sintética, pode-se dizer que não há produção de qualidade sem que haja um consentimento, em certa medida um "dom de si". O paradigma do dom está direcionado em essência à troca de bens e de objetos. O trabalho ordinário nos situa diante de um dom de si que, a um só tempo, é comum e irredutivelmente necessário à produção.

A experiência do trabalho põe frente a frente o trabalhador hábil e essa provação do risco em relação a si, do desafio contínuo, comovente e excitante por um lado; provação perigosa, angustiante e dolorosa, por outro.

É o preço dessa experiência desestabilizadora da confrontação com o real e do que ela supõe de resistência e de implicação subjetiva que estaria nos pressupostos da coalescência ou da concatenação com a aspiração à transcendência. A transcendência está atrelada a essa provação do real, em tudo o que apresenta de desestabilizador, o que pode afetar a confiança em si, ou até mesmo de comprometimento da identidade. O trabalho, deve-se reconhecê-lo, pode deixar louco! A aspiração à transcendência é como uma segunda voz, um contracanto acoplado a uma espécie de canto da inteligência do corpo no trabalho. O salário (com maior incidência para as gratificações materiais) não pode equivaler à implicação da subjetividade como um todo. O salário não pode ser um contracanto para essa experiência subjetiva fundamental da provação da resistência ao real. Ou, para continuarmos nas metáforas musicais, pode-se preferir à arte do contraponto, o da fuga para explicar a aspiração à transcendência, como contrassujeito do zelo no trabalho. Em outros termos, se de fato o trabalho de qualidade passa pela *aquisição* e pela *mobilização* de habilidades que implicam o *dom de si*, compreende-se com facilidade que em contrapartida as gratificações esperadas podem tomar a forma extraordinária da transcendência, em forma de contradom.

Tratar essa troca sobre o modo do dom e do contradom é sem dúvida um reducionismo, porque o que está em causa é incomensurável. O que esperam os trabalhadores, mais do que uma simples contrapartida ou gratificação proveniente do exterior, é a possibilidade de transformar essa experiência subjetiva do trabalho situando-a em continuidade ou então próxima às preocupações tão graves quanto aquelas próprias à subjetividade confrontada com seus limites: a imortalidade, o sagrado, o belo.

A possibilidade de contribuir mediante o seu trabalho para a obra comum da cultura pode suscitar, como contrapartida do dom de si, o entusiasmo de uma participação ao que realmente é revestido de valor. A operação – ou a troca aqui – é de ordem rigorosamente simbólica.

Já que o trabalho é a razão ou o motivo desse dom de si, que esse trabalho seja então engrandecido e posto no patamar do que importa para a minha subjetividade, tomando lugar na ordem do belo, do sagrado, da imortalidade!

Assim, a aspiração à transcendência nasce em todos os que de fato conheceram os riscos psíquicos inerentes à provação do real, e que conseguem suportá-la sem capitular; em todos, em suma, os que se envolvem com o seu trabalho.

Se se admite essa metáfora do contraponto ou da fuga, compreende-se que o contracanto ou o contrassujeito – aqui representado pelo acesso à transcendência por seu próprio trabalho – seja uma condição simbólica não contingente do trabalhar, e o que da vida está engajado no trabalho é aqui desempenhado na fuga e não no salário, quer dizer, na articulação entre o sujeito – o dom de si – e o contrassujeito – a transcendência.

Sublimação e política

No sentido estrito do termo, a *sublimação* é indissociável do acesso ao registro da cultura ou do político. O entusiasmo que colore a experiência da participação na obra ou na ação se experimenta de maneira efetiva como uma dilatação do desejo, mas também como uma intensificação quase simultânea do prazer, os dois termos podendo aqui dificilmente estar dissociados, como o expressa o termo único alemão "Lust". A intensificação do prazer, neste caso, procede da experiência de uma ampliação excepcional da vida, da vitalidade, que se experimenta em si pelo movimento da participação. O entusiasmo pode constituir uma das formas, segundo Freud, de compensação atribuída ao Eu, em contrapartida à renúncia da satisfação sexual da pulsão: *Triebverzicht*.

Mas o entusiasmo não é apenas uma experiência afetiva. É também o testemunho de um processo ético no qual, graças à sua obstinação, a inteligência consegue superar a resistência do real. Processo no âmbito do qual o registro do "trabalhar" *stricto sensu* se transcende no registro da descoberta, da invenção, da criação ou da obra. Processo no âmbito do qual o trabalho dá acesso ao registro da beleza, que foi objeto do capítulo sobre a engenhosidade e o reconhecimento. Processo no qual se conjugam a ética e a estética em um movimento que se aproxima do que Paul Audi teoriza sob o nome de "est-ética".[22]

Ao entusiasmo no trabalho, a maioria dos seres humanos têm acesso, desde que estejam em medida de operar os saber-fazer de ofício. É contudo possível estabelecer uma distinção na dimensão ética da sublimação entre a sublimação colocada a serviço da luta *pelo reconhecimento* (que depende, com certeza, da liberdade da vontade) e a sublimação *para honrar a vida*.

A sublimação orientada para o reconhecimento está acoplada aos desfios irredutíveis da identidade que busca a provação no trabalho para dele sair engrandecida. No capítulo sobre os limites axiológicos do reconhecimento (capítulo 3 deste volume), observei que o recurso necessário ao olhar do outro para confirmar a identidade (incluindo quando este último passa por provações racionais de julgamento) traz consigo o risco de dependência. Assim, a luta

22 Paul Audi. *Créer*. Paris: Encre Marine, 2005, pp. 20-21.

pelo reconhecimento implica a liberdade da vontade, com certeza, mas pode eximir-se da autonomia ética subjetiva. Esta autonomia subjetiva começa apenas quando a luta pelo reconhecimento e pela identidade for superada e, com ela, o risco de dependência em relação ao julgamento do outro.

A autonomia ética subjetiva é, muito certamente, uma autonomia em relação ao julgamento e ao olhar do outro. Mas essa autonomia em relação ao outro só é possível quando baseada em uma autonomia vis-à-vis os suas próprias moções, em particular em relação às suas próprias pulsões e, de maneira mais ampla, em relação ao "Sexual". O conflito entre a busca de satisfação pulsional pela via sexual-erótica ou, ao contrário, pela via da sublimação implica a referência a um *ideal ético* devidamente pensado como tal ao término de uma perlaboração que se anuncia ao final como uma exigência de *honrar a vida*. A contrapartida narcísica da relação com o trabalho não beneficia, neste caso, à identidade, uma vez que ela já se encontra estabilizada: traduz-se principalmente pelo aumento do amor de si e pela ampliação da subjetividade. Mas trabalhar para honrar a vida é também uma aventura trágica, na medida em que o caminho empreendido pode levar a se afastar das opções da maioria (autonomia ética): ao desejar honrar a vida, ou ao recusar em outras circunstâncias desonrá-la, pode-se conduzir o sujeito à ruptura com o julgamento dos outros e a cair na solidão. Trabalhar para honrar a vida traz em si, sem dúvida,uma promessa de realização, mas é também uma via espinhosa, exposta a uma dupla ameaça: a de fracassar nessa via e a de se encontrar só.

Se de fato a emancipação está ligada ao "trabalhar para honrar a vida" (sublimação no sentido restrito), então a organização do trabalho deve ser compreendida como uma questão política. A sublimação no sentido amplo (para o reconhecimento) é coisa de todos. A sublimação no sentido restrito (para honrar a vida) e suas relações com o político e a cultura (*via* a cooperação e a deontologia do fazer) mobiliza a responsabilidade e implica a subjetividade somente de certos membros da comunidade humana: aqueles que dispõem não apenas da "liberdade da vontade", no sentido dado ao conceito por Harry Frankfurt, mas ainda da "autonomia ética subjetiva".

Os outros que não gozam dessa autonomia e permanecem presos à luta pelo reconhecimento e pela identidade transitam essencialmente pelo pré-político. A multidão daqueles que, ao formar a maioria, estão ocupados na luta pela identidade, corre o risco de, quase sempre, seguir a via indicada pelos outros: por aqueles que, ao dispor da autonomia ética, indicam a via do "trabalhar para honrar a vida", a via do político e da cultura. E quando esses últimos se perdem, arrastam consigo, por caminhos "erráticos", a maioria que os segue em toda circunstância.

Sobre a minoria dos sujeitos com acesso à autonomia ética repousa, ao final, a responsabilidade esmagadora de indicar a via que permita que o trabalho culmine no político e na cultura.

À direção da empresa cabe, *de facto*, a responsabilidade de assegurar as condições a permitir que a atividade deôntica se implante em seu seio (espaço de deliberação interno). No contexto mais recente, as direções das empresas, mesmo que divulguem *slogans* sobre "empresa cidadã", abjuram essa responsabilidade moral e política ante a deontologia e a cultura no trabalho em prol de uma redução da racionalidade da ação tão só como racionalidade cognitiva, instrumental e estratégica. Afinal, verifica-se que a relação de forças entre as direções de empresa que operam no sentido da despolitização e essa minoria que tem a responsabilidade, *de facto*, de procurar as vias da emancipação que propiciam condições para relacionar o trabalho ordinário à cultura, essa relação de força é desfavorável à minoria. Nesse contexto, o risco é de que a autonomia ética subjetiva e o "trabalhar para honrar a vida" se refugiem na formação de uma resistência coletiva ou em formas de autonomia solitária, enquanto a maioria dos outros se deixa levar pela demagogia ou pelo despotismo de dirigentes que lhes prometem ou lhes concedem efetivamente gratificações no registro do reconhecimento.[23]

Ao deixar adotar pelas empresas estratégias organizacionais que levam à desestruturação do espaço de deliberação interno, bem como da deontologia do fazer e das solidariedades no seio das empresas, os políticos correm o risco de esgotar a corrente que alimentava a cultura pelo trabalho e que seguia seu caminho, apesar dos percalços, isso até os anos 1970. Mesmo que não se dê atenção suficiente ao risco de uma deriva totalitária imposta pela despolitização das novas formas de organização de trabalho, é necessário ficar atento ao fato de a ruptura das ligações entre o trabalho ordinário e a cultura significar o ingresso na decadência. Decadência da qual se pode recear que o colapso progressivo do entusiasmo no mundo do trabalho, de um lado, o surgimento dos suicídios nos locais de trabalho, de outro, sejam os sinistros sintomas evolutivos.

Uma política do trabalho

Procurar restabelecer a continuidade da relação entre o trabalho, a deontologia do fazer e a democracia supõe a mediação de uma transmissão política, desse mesmo que, por deter conhecimentos

23 Stefan Voswinkel. "L'admiration sans appréciation. Les paradoxes de la double reconnaissance du travail subjectivisé". In: *Travailler*, n. 18, 2008; Hermann Kocyba. "Anerkennung, Subjektivierung, Singularität", tradução francesa: "Reconnaissance, subjectivation, singularité". In: *Travailler*, n. 18, 2008; Luc Boltanski & Ève Chiapello. *Le nouvel esprit du capitalisme*. Paris: Gallimard, 1999.

circunstanciados sobre a força colossal do trabalho em relação ao estabelecimento das solidariedades, da civilidade, da cultura, do direito e das instituições – para o melhor como para o pior – está em condições de estabelecer os princípios e colocar em operação os meios de uma "política do trabalho" integral, política que deliberadamente elevaria a questão do "trabalhar" a uma posição de prioridade, antes mesmo do que a do emprego. Uma "política do trabalho" *stricto sensu* teria de elaborar, em primeira mão, uma doutrina do trabalho apoiada na reavaliação sistemática das relações entre o trabalho e a pólis, entre o trabalho e a violência ou a civilidade, entre o trabalho e a escola, entre o trabalho e a cultura, entre o trabalho e a democracia.

Em seguida, pensar os dispositivos incentivadores e regulamentares necessários para fazer evoluir em profundidade os princípios e métodos de direção e gerenciamento, de maneira que os dirigentes não possam se isentar de suas responsabilidades em relação ao impacto sobre a sociedade das relações sociais de trabalho que eles instauram em suas empresas ou em seus órgãos públicos *via* a organização do trabalho.

Uma política do trabalho implicaria ainda a formação de uma quantidade suficiente de pesquisadores e professores, de modo a remanejar os conteúdos do ensino nas universidades e faculdades destinadas à formação de engenheiros, administradores e economistas, de maneira que ofereçam ao trabalho o lugar consequente que deveria já há muito ocupar nos currículos acadêmicos.

Mas medidas desse alcance não se constituem de ações pontuais, aqui e acolá. Introduzir o ensino dos princípios de uma política do trabalho nas universidades e demais instituições de ensino superior é colocar um pé dentro da cidadela, e isso só pode criar uma série de resistências, de sabotagens, de resistências diversas por parte dos organismos constituídos. Para que os grandes servidores do Estado e os governos levem adiante uma política do trabalho, seria necessário que fossem informados sobre os seus princípios e que fossem convencidos de sua justeza. Tendo em conta o que ocorreu no campo do trabalho nos últimos 30 anos, seria necessário para tanto operar uma verdadeira reviravolta, e isso de uma forma tão grandiosa como o foi a profunda virada neoliberal. A mudança só é possível se for apoiada por um debate de dimensões nacionais.

Um remanejamento político tão considerável parece hoje bem pouco provável. Talvez mesmo impossível. Desse modo a decadência de nossa cultura e de nossa sociedade não poderá ser erradicada.

Das ciências do trabalho, no entanto, tiramos outra lição essencial: nenhuma empresa, nenhum serviço ou órgão público, nenhum exército, nenhuma organização, nenhum Estado pode funcionar sem a mobilização da inteligência e sem o zelo daqueles e daquelas que nelas *trabalham*. Tirar as consequências filosóficas da clínica do trabalho é admitir que nenhum sistema funciona apenas por seu gênio próprio e que só perdura se conduzido pela livre vontade de alguns e pelo consentimento livre de alguns outros. Em outros termos: a condição do homem moderno que conhecemos atualmente nada tem de inevitável. A decadência de nossa cultura não depende de nenhuma fatalidade. Ela mesma é o produto de nosso zelo.

Por enquanto, não está confirmado o encontro com a verdadeira política do trabalho, porque os responsáveis pela nação a consideram como inútil, inviável; e, ademais, não têm qualquer interesse pela cultura, pela civilização, ou mesmo pela emancipação. Os que desejariam resistir já estão exaustos e começam a sentir seriamente os golpes da ruína do viver junto e das solidariedades, perderam o jeito dos saber-fazer que colocava o trabalho como um trampolim para o exercício das competências democráticas e políticas. A conjuntura não está propícia para uma política do trabalho. É principalmente propícia para a controvérsia, para a argumentação no campo da filosofia. Talvez não seja um momento para argumentar, apenas momento de meditação, de elaboração de postulados, como este de Braque, que propus como epígrafe no primeiro tomo:

"Contentemo-nos em fazer refletir, não busquemos convencer".

Conclusão

O trabalho é ainda e sempre será a origem da riqueza. Ao contrário do veredicto prospectivista, não há qualquer possibilidade de término, um fim do trabalho em nosso horizonte.

O trabalho é e sempre será um mediador insubstituível na luta pela realização de si e na produção de obras da cultura.

Esses poderes gigantescos, o trabalho os recolhe da inteligência do ser humano – a sua engenhosidade – e da mobilização dessa inteligência – o seu zelo.

Invocar o zelo para examinar a produção da riqueza social, da realização individual e das obras da cultura é conceder um lugar essencial à liberdade no esforço ao qual se presta cada *indivíduo* que procura fazer um trabalho de qualidade, e na vontade de participar do trabalho *coletivo* trazendo sua contribuição à cooperação.

Em toda empresa, serviço público ou privado, se os trabalhadores se restringissem à estrita execução das ordens, o sistema entraria em colapso. O zelo, ou seja, a liberdade de mobilizar a sua inteligência, é assim decisivo para o sucesso de todas as organizações, até para as piores entre elas. É fato que, se as novas formas de organização do trabalho, que se mostram prejudiciais para a condição humana e para o futuro de nossas sociedades, perduram, é porque elas se beneficiam de algum consentimento e da colaboração da maioria daqueles e daquelas que trabalham. Assim, o ser humano pode levar o seu zelo a organizações que se voltam contra o "ser genérico do homem" e vão doravante até conduzir certos indivíduos ao suicídio. O zelo pode assim passar imperceptivelmente sob o primado da alienação. Desse processo paradoxal, tentei fazer a análise em um livro anterior – *Souffrance en France*.[a]

Se o trabalho é assim capaz de produzir o pior, e disso estamos certos, pode também produzir o melhor, e isso a maioria dos autores duvida, a começar por Hannah Arendt, cujo julgamento, a esse respeito, é sem apelação.[1] É portanto essa via que me propus a explorar neste livro, a rota que segue do trabalho rumo à emancipação. Esforcei-me em identificar as condições de possibilidade que permitem situar o trabalho na dinâmica do prazer e da emancipação. São condições, acredito, identificáveis e claras o suficiente para poder afirmar que, na evolução desastrosa por que passa o mundo do trabalho desde a virada neoliberal, não há fatalidade. Em outros termos, este livro busca traçar as etapas de um processo que permitiria reverter o movimento que analisei em *Souffrance en France*. Numerosos elementos dessa análise são fruto de investigações, pesquisas e intervenções conduzidas no campo das empresas, das quais alguns já fizeram suas provas. Deve-se ressaltar que, experimentos em escala real são possíveis no coração da cidadela capitalista liberal. São ainda limitados e permanecem por hora localizados e pontuais. Respondem a demandas de empresas privadas, o que sugere que, em detrimento da unanimidade aparente do patronato e dos Estados nacionais,

---

1 Hannah Arendt, *Condition de l'homme moderne*, Paris, Calmann-Lévy, 1981 [1958].[b]

certos dirigentes estão mais divididos do que pode parecer e oferecem, na calada, seu aval a experimentos que seguem na contracorrente do pensamento dominante.

O atual desastre, ao final, é bastante recente e sucede muito precisamente à "virada gestionária". Reverter o sentido da evolução atual em matéria de organização do trabalho passa pela vontade de retomar o controle sobre as ciências da gestão. Menos para expulsá-las ou suprimi-las do que para reorientar os seus pressupostos intelectuais e o espírito de seu encaminhamento. Retomar a condução sobre as ciências da gestão significa reintroduzir a perspectiva das ciências do trabalho na direção das empresas, atribuindo-lhe o estatuto de referência decisiva para justificar as novas escolhas organizacionais a serem feitas.

Os experimentos em curso, mesmo que coroados de sucesso, não terão grande incidência na cidadela se não forem acompanhados de políticas públicas.

Em outras palavras, e este é o objeto do segundo tomo deste livro: a organização do trabalho é um problema político por inteiro, que não é redutível a qualquer dimensão política isolada.

Para poder pensar politicamente a organização do trabalho, faz-se necessária uma teoria do trabalho. Na falta de elaboração de uma nova teoria do trabalho, uma mudança do poder político não seria de nenhum socorro, pois as políticas públicas voltariam a passar pelo atoleiro em que se meteram os dirigentes anteriores. A referência à emancipação não tem por objetivo apenas o processo pelo qual seria possível escapar da alienação mental. Não diz respeito apenas ao domínio da saúde mental. Pelo termo de emancipação designa-se também o processo que permitiria a nossos contemporâneos um retorno à arena do político, que têm tendência a desertar sob o efeito de um sentimento de profunda impotência diante da força colossal de transformação implantada pelas empresas multinacionais.

O segundo tomo deste livro mostra por que se pensa que a organização do trabalho incide muito além do mundo do trabalho e extravasa por toda a pólis. No trabalho, pode-se aprender o melhor, o respeito à dignidade do outro, o acolhimento, a entreajuda, a solidariedade, a implicação nos espaços de deliberação e a aprendizagem dos princípios da democracia. Mas pode-se aprender o pior, a instrumentalização do outro, a duplicidade, a deslealdade, o cada-um-por-si, a covardia, o mutismo. Assim, a organização do trabalho apresenta-se sempre como um lugar de aprendizagem da implicação ou da deserção dos espaços políticos. Para assumir o que implicam para a prática essas dimensões do trabalho, a teoria política não é suficiente. É necessário, como o dissemos anteriormente, uma teoria do trabalho. Mas qual teoria do trabalho? Uma teoria do trabalho que também seja uma teoria do ser humano, da inteligência individual e da inteligência coletiva. Em outros termos: é necessário uma teoria do "trabalho vivo".

Antes de qualquer outra composição mais complexa em termos de cooperação no interior de um coletivo ou na formação de uma sociedade, o trabalho é individual, vivo e subjetivo. E em seu centro a inteligência passa em um primeiro momento por um *corpo a corpo* entre o trabalhador e a matéria, a ferramenta ou o objeto técnico, até mesmo nas atividades de serviço, quando a "matéria" a ser trabalhada é da esfera dos "relacionamentos". Uma teoria do trabalho vivo exige, de início, uma teoria do corpo com alguns remanejamentos da teoria psicanalítica do sujeito, uma vez que esse corpo está implicado não apenas na sexualidade, como ainda na formação das novas habilidades. Essas questões teóricas foram examinadas no tomo I.

É no decorrer desaa discussão metapsicológica que foi estudado o "*paradoxo da dupla centralidade*": centralidade da sexualidade para a teoria psicanalítica, centralidade do trabalho para a psicodinâmica do trabalho. O exame das repetidas aparições da noção de trabalho na metapsicologia freudiana permite resolver o paradoxo da dupla centralidade. O trabalho de produção – *poiesis* – é uma provação para a toda a subjetividade, de onde podem emergir novas habilidades, isso com a condição de que essa provação seja completada por um segundo trabalho – *Arbeit* – de si sobre si, ou de transformação de si.

Os desafios teóricos da análise das relações entre trabalho, corpo e sexualidade estão na compreensão de como e por que o trabalho pode ser uma segunda oportunidade para ampliar os poderes do corpo, os registros de sensibilidade e o que, em última análise constitui o fundamento irredutível da identidade pessoal. E de fato, o trabalho é uma provação da qual a identidade pode sair fortalecida, a ponto de que uma vida de trabalho possa abrir um verdadeiro processo de realização de si, de emancipação.

Mas, *a contrario*, o trabalho revela em sua sombra, mediante a falta de habilidade e inaptidão insuperáveis, os limites do corpo próprios a cada indivíduo em particular e as incompletudes ou as falhas da identidade.

É quando se observa a importância da psicanálise para uma filosofia política do trabalho. Pois se trata de compreender o papel que o trabalho vivo e sua organização podem desempenhar ante essa fragilidade constitucional do ser humano em relação à sua identidade. Recorremos para tanto à teoria de um sujeito que, em razão dessa vulnerabilidade de um destino incerto, pode ou conduzi-lo para a realização de si mesmo, ou uma reviravolta contra si. Pois são os mesmos seres humanos que são capazes de um engajamento em prol da vida e da produção das obras da cultura, ou de consentir em colocar sua inteligência a serviço da decadência e da barbárie.

A teoria do trabalho vivo não pode ser ingênua em relação aos riscos que implicam a fragilidade identitária e a maneira como os conflitos de ambivalência repercutem, *via* o trabalho, na evolução da pólis como um *todo*.

A solução do paradoxo da dupla centralidade da sexualidade e do trabalho não traz respostas para o conjunto das relações entre sexualidade e cultura que Freud examinou em seu texto *O mal-estar na cultura*. Pois, se o trabalho de produção impõe àquele que deseja alcançar um resultado de qualidade remanejamentos às vezes dispendiosos para sua organização sexual, em contrapartida os destinos das pulsões são múltiplos e não se engajam necessariamente na via da cultura. Longe disso! A sexualidade, de fato, desde sua origem, é amoral. E a autonomia moral que seria o ponto de chegada da formação do sentido moral é difícil de ser alcançada e é rara, porque os seres humanos, em sua maioria, têm uma identidade incerta que, por essa razão, necessitam constantemente de confirmação e de reconhecimento pelo outro. Por causa disso, a busca pelo reconhecimento é a fraqueza com base na qual grande quantidade de homens e de mulheres pode ser levada a engrossar as fileiras dispostas a participar do pior, para não perderem esse reconhecimento e para não se encontrarem sós, quando todos os demais consentem em colaborar.

O trabalho, por tudo isso, é um ponto central da fragilidade constitutiva do ser humano. Da provação do trabalho ele pode sair engrandecido em dignidade ou diminuído pela experiência da traição, a de consentir em se deixar instrumentalizar, bem como de instrumentalizar o outro.

Assumir politicamente tanto a fragilidade constitutiva do ser humano como a indeterminação axiológica da inteligência no trabalho é pinçar dessa antropologia do sujeito e do trabalho os elementos a permitir conceber a organização do trabalho, de maneira que ela ofereça aos homens e às mulheres que trabalham os caminhos que assegurem a articulação entre o trabalho ordinário e o desenvolvimento da civilidade, do viver junto e das obras da cultura. Nessas condições, pode-se esperar que volte o entusiasmo ali onde se instalou a desolação, mas também que o trabalho possa ser colocado a serviço das solidariedades e da emancipação.

Considerar a organização do trabalho como um problema político em si e buscar as modalidades de ação racional para transformá-la supõe engajar-se na discussão e na controvérsia sobre a quididade do trabalho vivo. O que foi reunido neste livro é uma espécie de proposta de introdução a questões de antropologia filosófica e política suscitadas pela análise do trabalho vivo que contém em si um manancial do qual se pode, se assim decidirmos, extrair os recursos inestimáveis para honrar a vida.

Notas do tradutor

a Editado no Brasil com o título *A banalização da injustiça social*, Rio de Janeiro, Editora Fundação Getúlio Vargas, 2000.

b Hannah Arendt, *A condição humana*, 11. ed. revista, Rio de Janeiro, Forense Universitária, 2010 [1958].

Referências

Arendt, Hannah. *The human condition*. Chicago: University of Chicago Press, 1958; tradução francesa *Condition de l'homme moderne*. Paris: Calmann Lévy, 1981.

______. *Eichmann in Jerusalem*; tradução francesa *Eichmann à Jérusalem*. Paris: Gallimard, 1991 [1963].

______. *Crisis of the Republic*; tradução francesa *Du mensonge à la Violence*. Paris: Calmann-Lévy, 1972 [1969].

______. *Between past and future*; tradução francesa *La crise de la Culture*. Paris: Gallimard, 1972 [1954-1968].

______. *The life of the mind*. Nova York/Londres: Harcourt Brace Jovanovich, 1978; tradução francesa *La vie de l'esprit*. Paris: Presses Universitaires de France, 1981.

______. *Was ist Politik?*. Munique: R. Piper GmbH & CoKG, 1993; tradução francesa *Qu'est-ce que la politique?*. Paris: Seuil, 1995.Aristóteles. *Éthique à Nicomaque*. Paris: Vrin, 1994.

Audi, Paul. *Rousseau, éthique et passion.* Paris: Presses Universitaires de France, 1981.

______. *Créer.* Paris: Encre Marine, 2005.

Azaïs, Christian. "L'entreprise travaillée par le politique: Un dé- calage entre la France et le Brésil?". In: N. Borgeaud-Garciandia, B. Lautier, R. Penafiel & A. Tizzani (org.). *Penser le politique en Amé-rique latine.* Paris: Éditions Karthala, 2009.

Böhle, Fritz & Brigit Milkau. "Vom Handrad zum Bildschirm". Munique: Campus, Institut für Sozialwissenschaftliche Forschung e.v. ISF, 1991; tradução francesa in C. Ancelin et alii. *De la manivelle à l'écran. L'évolution de l'expérience sensible des ouvriers lors des changements technologiques.* Coleção "DER d'EDF". Paris: Eyrolles, 1998.

Boutet, Josiane (org.). *Parole au travail.* Paris: L'Harmattan, 1995.

Bowlby, John. *Attachement*, tomo I. Paris: Presses Universitaires de France, 1978 [1969].

Borgeaud-Garcianda, Natacha. "Travail, domination et sujet: Une réflexion à partir des maquilas du Nicaragua et de leurs ovrières". In: N. Borgeaud-Garciandia, B. Lautier, R. Penafiel & A. Tizzani (org.). *Penser le politique en Amérique latine.* Paris: Éditions Karthala, 2009.

Carpentier-Roy, Marie-Claire. *Corps et âme (Psychopathologie du travail infirmier).* Montréal: Liber, 1991.

Carpentier-Roy, Marie-Claire; Micheline Saint Jean; Louise Saint--Arnaud & Marc-André Gilbert. "Le travail du conseiller syndical: Ne pas mourir mais mourir presque". In: Marie-Claire Carpentier-Roy & Michel Vezina. *Le travail et ses malentendus.* Toulouse: Octarès, 2000.

Chaumont, Jean-Michel. "Vulnaribilité". In: Christophe Dejours (org.). *Conjurer la violence. Travail, violence et santé.* Paris: Payot, 2007.

______. "Stratégie de défense et prostitution: Un enjeu personnel et politique". In: *Travailler*, n. 10, 2003.

Chestov, Léon. *La philosophie de la tragédie. Dostoïevski et Nietzsche*. Paris: Flammarion, 1966 [1902].

Clot, Yves. *Le travail sans l'homme?*. Paris: La Découverte, 1995.

Courtine-Denamy, Sylvie. "Préface". In: Hannah Arendt. *Qu'est-ce que la politique?*. Paris: Seuil, 1995.

Cru, Damien. "Les règles de métier". In: Christophe Dejours (org.). *Plaisir et souffrance dans le travail.* Paris: Laboratoire de Psychologie du Travail et de l'Action, Cnam, 1988.

Dagron, Tristan. "Amitié, avarice et lien social chez La Boétie. Les paradoxes de la servitude volontaire". In: La Boétie. *Discours de la servitude volontaire.* Paris: Vrin, 2002.

Daniellou, François; Antoine Laville & Catherine Teiger. *Fiction et réalité du travail ouvrier.* Paris: "La Documentation Française", *Les Cahiers Français*, n. 209, 1983.

Daval, René. *Enthousiasme, ivresse et mélancolie.* Paris: Vrin, 2009.

Dejours, Christophe. *Souffrance en France.* Coleção "L'Histoire immédiate". Paris: Seuil, 1998.

______. Travail: *Usure mentale.* 4. ed. Paris: Bayard, 2008 [1980].

______. "Travail et santé mentale: De l'enquête à l'action". In: *Prévenir*, n. 19, 1989.

______. “Médicalisation de la souffrance ou pathologie de la désolation?”. In Guy Lebeer & Jacques Moriau (org.). *(Se) gouverner. Entre souci de soi et action publique*. Bruxelas: Peter Lang, 57-65.

______. “Pathologie de la communication, situation de travail et espace public: Le cas du nucléaire”. In: Alain Cottereau & Paul Ladrière (org.) *Raisons pratiques*, tomo 3. Paris: Éditions de l’Ehess, 1992.

______ . “Le soin en psychiatrie, entre souffrance et plaisir”. In C. Chiland, C. Bonnet & A. Braconnier. *Le souci de l’humain: Un défi pour la psychiatrie*. Toulouse: Éditions Erès, 2010.

______ . *Le corps d’abord. Corps érotique, corps biologique et sens Moral*. Paris: Payot, coleção “Petite Bibliothèque Payot”, 2003 [2001]. Deranty, Jean-Philippe. “Repressed materiality: Retrieving the materialism in Axel Honneth’s theory of recognition”. In: Jean-Philippe Deranty, Danielle Petherbridge, John Rundell, Robert Sinnerbrink (org.). *Recognition, work, politics: New directions in french critical theory*. Leiden-Boston: Brill, 2007.

Deranty, Jean-Philippe & Emmanuel Renault. “Democratic Agon: Striving for distinction or struggle against domination and injustice?”. In: Andrew Schapp (org.). *Law and agonistic politics*. Aldershot: Ashgate Publishing, 2009.

Detienne, Marcel & Jean-Pierre Vernant. *Les ruses de l’intelligence. La mètis des Grecs*. Paris: Flammarion, 1974.

Dodier, Nicolas. *Les hommes et les machines*. Paris: Métalié, 1995.

Elias, Norbert. *Über des Prozess der Zivilisation*, tradução francesa *La civilisation des moeurs*. Paris: Calmann-Lévy, 1973.

Ferenczi, Sandor. *Sprachverwirrung zwischen den Erwachsenen und dem Kind*; tradução francesa *Confusion de langue entre lesadultes et l'enfant*. Coleção "Petite Bibliothèque Payot". Paris: Payot, 2004 [1932].

Fondane, Benjamin. *Baudelaire ou l'expérience du gouffre*. Bruxelas: Complexes, 1994 [1942].

Franckfurt, Harry G. "Freedom of the will and the concept of a person". *The Journal of Philosophy*, n. 68, 1971, tradução francesa in Marc Neuberg. *Théorie de l'action*. Liège: Mardaga, 1991; e in Marlène Jouan. *Psychologie morale. Autonomie, responsabilité et rationalité pratique*. Paris: Vrin, 2008.

Freud, Sigmund. "Über Psychoanalyse". In: Gesammelter Werke, VIII; tradução francesa "De la psychanalyse", in OEuvres Complètes, X. Paris: Presses Universitaires de France, 1993 [1910].

______ . "Erinnern, Wiederholen und Durcharbeiten". In: Gesammelter Werke, X, tradução francesa "Rémémoration, répétition et perlaboration", in OEuvres Complètes, X. Paris: Presses Universitaires de France, 2005 [1914].

______ . "Zeitmässe über Krieg und Tod". In: Gesammelte Werke, X, tradução francesa "Actuelles sur la guerre et sur la mort", in OEuvres Complètes, XIII. Paris: Presses Universitaires de France, 1988 [1915].

______ . *Massenpsychologie und Ich-Analyse*. In: Gesammelte Werke, XIII, tradução francesa *Psychanalyse des masses et analyse du moi*, in OEuvres Complètes, XVI. Paris: Presses Universitaires de France, 1991 [1921].

______ . *Die Zunkunft einer Illusion*. In: Gesammelte Werke, XIV, tradução francesa *L'avenir d'une illusion*, in OEuvres Complètes, XVIII. Paris: Presses Universitaires de France, 1991 [1927].

______. *Das Unbehagen in der Kultur*. In: Gesammelter Werke, XIV, tradução francesa *Malaise dans la culture*, in OEuvres Complètes, XVIII. Paris: Presses Universitaires de France, 2002 [1930].

______. "Warung Krieg?", in Gesammelter Werke, XVI, tradução francesa Pourquoi la guerre?, in OEuvres Complètes, XIX. Paris: Presses Universitaires de France, 1995 [1932].

Gadamer, Hans Georg. *Warheit und methode*, tradução francesa *Vérité et méthode*. Paris: Seuil, 1976 [1960].

Gaignard, Lise & Alain Charon. "Gestion de crise et traumatisme: Les effets collatéraux de la 'vache folle'. De l'angoisse singulière à l'embarras collectif". In: *Travailler*, n. 14, 2005.

Ganem, Valérie. "Un processus d'assignation psychologique peut en cacher un autre. À propos de la couleur de peau en Guadeloupe". In: *Travailler*, n. 16, 2006. Gély, Raphaël. *Rôles, action sociale et vie subjective*. Bruxelas: Peter Lang, 2007.

Gernet, Isabelle & Florence Chekroun. "Travail et genèse de la violence: À propos des soins aux personnes âgées". In: *Travailler*, n. 20, 2008. Gournay Maryvonne; Françoise Laniėce & Isabelle Kryvenac. "Étude des suicides liés au travail en Basse-Normandie". In: *Travailler*, n. 12, 2004.

Grenier-Pezé, Marie. "Chroniques de la violence ordinaire. Organisation psychique individuelle, organisation du travail, organisation du système de soins". In: *Travailler*, n. 4, 2000.

Hamraoui, Éric. "Servitude volontaire: L'analyse philosophique peut-elle éclairer la recherche pratique du clinicien?". In: *Travailler*, n. 13, 2005.

______. "Sécurité au travail et sécuritarisme: Approches clinique et philosophique". Paris: Convention Cnam-ACI, n. 80, 2006.
Henry, Michel. *La barbarie*. Paris: Grasset, 1987.

______. "Préalables philosophiques à une lecture de Marx". In: *Phénoménologie de la vie*, tomo III: *De l'art et du politique*, Paris: Presses Universitaires de France, 2004 [1983].

Hirschmann, Albert. *The passions and the interests*, tradução francesa *Les passions et les intérêts*. Paris: Presses Universitaires de France, 1980 [1977].

Honneth, Axel. "Arbeit und instrumentales Handeln. Kategoriale Probleme einer kritischen Gesellschaftstheorie". In: Axel Honneth, Urs Jaeggi. *Arbeit, Handlung, Normativität. Theorien des Historischen Materialismus*, Vol. 2. Frankfurt a/Main: Suhrkamp Verlag, 1980, tradução francesa "Travail et agir instrumental. À propos des problèmes catégoriels d'une théorie critique de la société". In: *Travailler*, n. 18, 2007.

______. "Anerkennung als Ideologie". In: *West End, Neue Zeitschrift für Sozialforschung*, 2004/1, tradução francesa "La reconnaissance comme idéologie". In: Axel Honneth et alii. *La Société du mépris. Vers une nouvelle théorie critique*. Paris: La Découverte, 2006 [1992].

______. *Kampf um Anerkennung*. Frankfurt a/Main: Suhrkamp Verlag, 1992, tradução francesa, *La lutte pour la reconnaissance*. Paris: Cerf, 2000.

______. "Aneignung von Freiheit. Freuds Konzeption der individuellen Selbstbeziehung". In: Axel Honneth. *Pathologien der Vernunft. Geschichte und Gegenwart der kritischen Theorie*. Frankfurt a/Main: Suhrkamp, 2007, tradução francesa "S'approprier saliberté. La conception freudienne de la relation individuelle à soi". In Axel Honneth. *Les pathologies de la raison*. Paris: Gallimard, 2009.

Hubault, François & Christian du Tertre. "Le travail d'évaluation". In François Hubault (org.). *Évaluation du travail, travail d'évaluation*. Toulouse: Octarès, 2008.Jeantet, Aurélie & Emmanuelle Savignac. "Les représentations du travail dans les séries de divertissement: Le travail comme ressort du loisir", in Guy Lambert (org.). *Filmer le travail*. Aix-en-Provence: Presses Universitaires de Provence, 2009.

Jouan, Marlène. "Qu'est-ce qu'une personne?". In: Marlène Jouan (org.). *Psychologie morale. Autonomie, responsabilité et rationalité Pratique*. Paris: Vrin, 2008.

______. "Les limites de l'expression de soi chez Harry Frankfurt. Une lecture de La vie des autres". In: Marlène Jouan & Sandra Laugier. *Comment penser l'autonomie? Entre compétences et dépendances*. Paris: Presses Universitaires de France, 2009. Kahn, Laurence. *Faire parler le destin*. Paris: Klincksieck, 2005. Karasek Robert & Töres Theorell. *Healthy work, stress, produc- tivity and the construction of the working life*. Nova York: Basic Books, 1990.

Klein, Élisabeth. *Le concept de renoncement et le travail de culture dans l'oeuvre de Freud*. Paris: Cnam, 2006, tese de psicologia. Kocyba, Hermann. "Anerkennung, Subjektivierung, Singularität", tradução francesa "Reconnaissance, subjectivation, singularité". In: *Travailler*, n. 18, 2007.

La Boetie, Étienne de. *Discours de la servitude volontaire*. Paris: Vrin, 2000 [1574].

______. *Discours de la servitude volontaire* (1574), transcrição por Charles Teste (1836), Paris: Payot, 1976.

Ladrière, Paul. "La sagesse pratique. Les implications de la notion aristotélicienne de phronèsis pour la théorie de l'action". In: Patrick Pharo & Louis Quéré (org.). *Les formes de l'action*. Coleção "Raisons pratiques". Paris: Éditions de l'Ehess, 1990.

Laplanche, Jean. *Problématiques* I. Paris: Presses Universitaires de France, 1980.

______. "Fondements: Vers la théorie de la séduction généralisée". In: Jean Laplanche. *Nouveaux fondements pour la psychanalyse*. Paris: Presses Universitaires de France, 1987.

______. *Entre séduction et inspiration: L'homme*. Paris: Presses Universitaires de France, 1999.

Lazzeri, Christian & Alain Caillé. "Recognition today. The theoretical, ethical and political stakes of the concept". In: Jean-Philippe Deranty, Danielle Petherbridge, John Rundell & Robert Sinnerbrink (org.). *Recognition, work, politics: New directions in french critical theory*. Leiden-Boston, Brill, 2007.

Le Bon, Gustave. *Psychologie des foules*. Paris: Presses Universitaires de France, 2002 [1895].

Loez, André & Nicolas Mariot. *Obéir/désobéir. Les mutineries de 1917 en perspective*. Paris: La Découverte, 2008.

Ludin, Josef. "La création du sujet". *Documents et Débats. Bulletin intérieur de l'Association psychanalytique de France*, n. 50, 1998.

Mauss, Marcel. "Les techniques du corps". In: Marcel Mauss. *Sociologie et anthropologie*. Paris: Presses Universitaires de France, 1934.

Mendel, Gérard. *Une histoire de l'autorité: Permanences et variations*. Paris: La Découverte, 2002.

Merleau-Ponty, Maurice. "Le primat de la perception et ses conséquences philosophiques". *Bulletin de la Société Française de Philosophie*, n. 41, 1947.

Miller, Alice. *Am Anfang war Erziehung*. Frankfurt a/Main: Suhrkamp Verlag, tradução francesa *C'est pour ton bien*. Paris: Aubier, 1983 [1980].

Ogilvie, Bertrand. "Travail et ontologie de la résistance". In: *Théoriques*, n. 1, 2008.

Perilleux, Thomas. "L'autonomie est-elle encore un idéal d'émancipation dans le travail". In: *Travailler*, n. 1, 1998.

Pharo, Patrick. *Politique et savoir vivre. Enquête sur les fondements du lien civil*. Paris: L'Harmattan, 1991.

Porcher, Jocelyne. *Éleveurs et animaux, réinventer le lien*. Paris: Presses Universitaires de France/Le Monde, 2002.

______. *La mort n'est pas notre métier*. La Tour d'Aigues: L'Aube, 2003. Quijoux, Maxime. "Essai sur deux formes du politique dans deux usines récupérées d'Argentine des années 2000". In: N. Borgeaud-Garciandia, B. Lautier, R. Penafiel & A. Tizzani (org.). *Penser le politique en Amérique latine*. Paris: Éditions Karthala, 2009.

Renault, Emmanuel. *Mépris social. Éthique et politique de la reconnaissance*. Bègles: Éditions du Passant, 2000.

______. "Reconnaissance et travail". In: *Travailler*, n. 18, 2007.

______. *Souffrances sociales. Philosophie, psychologie et politique*. Paris: La Découverte, 2008.

Renault, Emmanuel & Yves Sintomer (org.). *Où en est la théorie critique?*. Paris: La Découverte, 2003.

Revault d'Allonnes, Myriam. *Le pouvoir des commencements. Essai sur l'autorité*. Paris: Seuil, 2006.

Reynaud, Jean-Daniel. *Les règles du jeu. L'action collective et la régulation sociale*. Paris: Armand Colin, 1989.

Roelens, Nicole. "Intoxication productiviste et déshumanisation des rapports humains. Une psychologue du travail analyse les causes de son épuisement professionnel". In: *Travailler* n. 4, 2000.

Rosanvallon, Pierre. *Pour une histoire conceptuelle du politique*. Paris: Seuil, 2003.

Schnapper, Dominique. *La France de l'intégration: Sociologie de la nation en 1990*. Paris: Gallimard, 1991.

Sigaut, François. "Folie, réel et technologie". In: *Techniques et Culture*, n. 15, 1990.

Sigaut, François. "Aperçus sur l'histoire de la technologie en tant que science humaine". In: *Actes et Communications*, Inra, n. 6, 1991.

______. "Folie, réel et technologie. À propos de Philippe Bernardet, les dossiers noirs de l'internement psychiatrique". In: *Travailler*, n. 12, 2004 [1990].

Terestchenko, Michel. *Un si fragile vernis d'humanité: Banalité du mal, banalité du bien*. Paris: La Découverte, 2005.

Tertre, Christian du. "Services immatériels et relationnels: Intensité du travail et santé". In: *Activités*, n. 2, 2008.

Tocqueville, Alexis de. *De la démocratie en Amérique*, tomo II. Paris: Flammarion, 2008 [1845].

Torrente, Joseph. *La souffrance au travail. Entre servitude et soumission*. Paris: Cnam, 1999, tese de doutorado.

______ . "Travail et banalité du mal". In: *Revue d'Histoire de la Shoah*, n. 175, 2001.

Voswinkel, Stefan. "L'admiration sans appréciation. Les paradoxes de la double reconnaissance du travail subjectivisé". In: *Travailler*, n. 18, 2008.